绝色四川

曹亚楠 著

四川人民出版社

图书在版编目(CIP)数据

绝色四川 / 曹亚楠著. — 成都：四川人民出版社，2017.12

(图说天下.国家地理系列)

ISBN 978-7-220-10628-6

Ⅰ.①绝… Ⅱ.①曹… Ⅲ.①旅游指南-四川 Ⅳ.①K928.971

中国版本图书馆CIP数据核字（2017）第309136号

JUESE SICHUAN

绝色四川

曹亚楠 著

责任编辑	章 涛
封面设计	周 正
版式设计	段 瑶
责任校对	申婷婷
责任印制	李 剑

出版发行	四川人民出版社（成都市槐树街2号）
网 址	http://www.scpph.com
E-mail	scrmcbs@sina.com
新浪微博	@四川人民出版社
微信公众号	四川人民出版社
发行部业务电话	（028）86259624 86259453
防盗版举报电话	（028）86259624
照 排	巨凿图书
印 刷	北京天宇万达印刷有限公司
成品尺寸	170mm×240mm
印 张	12
字 数	202千字
版 次	2018年3月第1版
印 次	2018年3月第1次印刷
书 号	ISBN 978-7-220-10628-6
定 价	29.90元

■版权所有·侵权必究

本书若出现印装质量问题，请与我社发行部联系调换

电话：（028）86259453

前言
FOREWORD

四川，是一个美丽的地方，也是一个历尽沧桑后依旧悠然如梦的地方，它是中国西南部钟灵毓秀之地，自古便有"天府之国"的美誉。

千年栉风常沐雨，洗尽铅华后，这片氤氲着浓郁古蜀风情的土地绽放出了别样的华彩。

蓉城安闲且冶逸，锦官城外，岁柏森森，草堂的秋色总潋滟着琴台的春光；金沙水拍、岁月絮语，苍莽的大地常映照着青城的奇秀，武侯虽已不在，但就算是萌萌憨憨的大熊猫也总眷恋它的雄姿英发。

康定热烈而缱绻，跑马山巅，溜溜的云儿映着五色海的斑斓；新都桥镇，斜阳碧草咏叹着胡杨的飒爽；折多山间，幽蓝的冰峰倒映着亚丁最烂漫的红石滩；上里古镇烟雨迷蒙，蒙山侧畔茶香袅袅，碧峰峡的桃花映红了远古，大渡河的白浪咆哮的是翼王亭的沧桑……

在四川，值得一生铭记与眷恋的地方委实太多太多，九寨最柔情的碧水，乐山最磅礴的大佛，海螺沟惊艳了世界的冰瀑，稻城午后最温醇的阳光，色达震撼人心的佛学院，宜宾竹海间的悠悠酒香……凡此种种，不胜枚举，而这些，从不是四川的全部。

源远流长的古蜀文明，多姿多彩的康巴文化，神奇的川剧，洋溢着浓厚民族风情的藏式民居、服饰。热热闹闹的锅庄舞，独一无二的摩梭母系文化，传承久远的茶文化，炫耀了星空的彝族火把节，充满了神秘色彩的转山会，还有让顶级吃货们咬掉舌头也要吃的美食……林林总总，数不胜数。

人说，最美好的时光总在路上，一路风雨，漫天霓虹，旅行，品味的不仅仅是美景，还有人生。世界"辣"么大，总得去看看，行走在路上，已是一种美好，行走在四川，更觉幸福满满。

秋舞霜天，夏落繁花，春水流樱，冬雪皑皑。看一盏霓虹灯迷离闪烁，寻一处幽谷宁静致远，在一场繁华中飞蛾扑火，许一次旅途中的甜蜜约定。

渐渐沥沥的小雨，若有若无的轻雾，城市的风景变幻莫测，五彩缤纷，让人深深陶醉于其中；在喧嚣和车水马龙的另一端，微醺的火烧云，编织了落日的美，那模模糊糊的色彩，在岁月的长河中缓缓流淌。

麻与辣的邂逅，鲜与香的碰撞，在春暖花开时，伴着山清水秀，肆意饕餮。

人间有桃源，绝世而独立。踏着岁月的芳菲，驻足流转之美景，足尖闪烁着碧水间的斑斓，心中徜徉着欣喜与眷恋。无须回首，便已留恋；无须清歌，早已绕梁……

contents 目录

CHAPTER 1 雄奇险秀——天下山水在于蜀

- 峨眉山：秀色粉黛，仙人宿处 ………………………… 2
- 那贡嘎山中的人间仙境 ………………………………… 7
- 九寨沟，碧水中激滟的斑斓 …………………………… 10
- 人间瑶池——黄龙 ……………………………………… 16
- 黄河九曲第一湾，感受宇宙中的庄严幻景 …………… 22
- 若尔盖，云端之下有天堂 ……………………………… 24
- 四姑娘山：冰清玉洁，险峻秀美 ……………………… 29
- 众神之所——稻城亚丁 ………………………………… 32
- 海螺沟，流云冰瀑映红石 ……………………………… 37
- 泸沽湖，徜徉在摩梭的水云中 ………………………… 42
- 木格措，情歌唱响的地方 ……………………………… 46
- 西岭雪山，云海上的冬日恋歌 ………………………… 50
- 专题：川藏线自驾游全攻略：我想路过你的全世界… 56

CHAPTER 2 背起行囊，云游天府绝色风景

- 花香蓉城，邂逅那份烟雨情怀 ………………………… 62
- 都江堰：拜水都江堰，问道青城山 …………………… 64
- 青山依旧在——青城山 ………………………………… 68
- 成都的另一处记忆：宽窄巷子 ………………………… 72
- 锦里：锦上添花，里藏乾坤 …………………………… 74
- 雨城雅安，一种想要安家的冲动 ……………………… 76
- 碧峰峡，山水如诗多迷蒙 ……………………………… 78
- 山秀绵阳，水映涪城 …………………………………… 82
- 蜀南竹海：巴蜀的"翠"璨明珠 ……………………… 84
- 宜宾：万里长江，十里酒城 …………………………… 86
- 盐都灯影龙之乡——自贡 ……………………………… 88
- 泸州，千年酒香催人醉 ………………………………… 90
- 专题：不可错过的四川美食，不负你的吃货威名…… 92

CHAPTER 3 晨光初现,带你穿越巴蜀文化胜迹

杜甫草堂,安得广厦千万间 ········ 98
廊桥——优雅的遗风 ········ 102
武侯祠:诗仙风骨,长留我心 ········ 104
建筑文化的奇观——**阆中古城** ········ 106
乐山大佛,山佛一体的凌云大像 ········ 108
巴蜀佛教长廊——**南龛摩崖造像** ········ 112
三苏祠,一门三文豪 ········ 114
紧贴历史的痕迹,造访**僰人悬棺** ········ 116
蜀汉兴衰之印记——**昭化古城** ········ 119
大渡河,万般情思通古今 ········ 122
剑门天下险,天下第一关 ········ 124
冕宁灵山,香火缭绕 ········ 126
专题:三星堆遗址探秘:不曾消亡的古蜀文明 ········ 128

CHAPTER 4 西南风情,烟笼人家

阿坝探秘——一场唯美的遇见 ········ 134
云朵中的民族——**羌族** ········ 138
桃坪羌寨,神秘的东方古堡 ········ 140
川剧,油彩下的曼妙多姿 ········ 142
最接近天堂的民族——**藏族** ········ 144
甲居藏寨,嘉绒藏族的桫椤秘境 ········ 146
在**螺髻山**,望见时光流转 ········ 148
石海洞乡,以石为海真奇绝 ········ 152
金沙水拍云崖暖 ········ 154
一缕茶香**蒙顶山** ········ 156
熊猫之乡——**卧龙** ········ 158
康定,最美的岁月,最美的歌 ········ 162
色达,信仰的乌托邦 ········ 167
专题:来四川一定要体验的四种地方风情 ········ 174

Chapter 1

雄奇险秀——天下山水在于蜀

绝色四川

Emeishan

峨眉山：秀色粉黛，仙人宿处

青山若黛，秀水如眉，这便是人们对峨眉山的第一印象。得名峨眉，或许是因为它嶙峋的山峰酷似"蛾眉"。历数名山大川，峨眉山绝对首屈一指。苍翠的青山，缱绻的流云，不管是在山间行走，还是在寺院听禅，都是一种返璞归真的非凡体验。

晨钟暮鼓，清晨的峨眉山像一幅淡雅的水墨丹青。当朝阳如一枚金果般落入峨眉金顶的重重云海，层云尽染，细碎的阳光穿过云海，普照山间，驱散清晨的山岚。

在峨眉山麓，晨钟伴着晨曦响起，这沉闷的钟声穿过清幽的空谷，穿过嶙峋的山林，点破了这幅丹青的宁静。雾霭散去，这钟声响起的地方，僧侣们又开始了一天的修行。

▼ 冬季的峨眉山被白雪覆盖，雪松晶莹剔透，大殿与白雪交相呼应，构成一个童话般的银色世界。

▲ 金顶是峨眉山寺庙最集中的地方，这里山高云低，景色壮丽。

年轻的僧人缓慢地拉开沉重的红漆木门，山门上悬挂着巨幅的匾额，苍劲的手书——报国寺。让人不禁浮想，这僧人每日开启的不仅是报国寺的山门，更是写满沉郁与辉煌的报国寺那斑驳的历史。

新的一天就这样在晨钟的浸染中悄然开始了，熙熙攘攘的人群从四面八方纷至沓来。报国寺，几百年来日复一日地在峨眉山上演着迎来送往的角色。

报国寺坐落于峨眉山麓的光明山下，是峨眉山的进山门户。寺庙于明万历四十二年（1614）建成，原名为会宗堂，用来供奉普贤、广成子、陆通，取意"儒、道、释"三教会宗。岁月的年轮匆匆碾过，报国寺在历史的尘埃中安静地伫立，"日出而作，日落而息"，享受着安然修行得来的平静。

江山易主。一群雄心勃发的青年，跨着铁骑战马入主中原。似乎上苍偏爱这个在白山黑水中繁衍，风尘仆仆坐上金銮宝座的家族，并赐予了这个家族一位与生俱来拥有智慧与权力的男人，这个男人叫爱新觉罗·玄烨。精通佛学的他取佛经中"四恩"之一"报国主恩"之意，御赐寺名。这更名，带给报国寺的是无限的荣耀，这荣耀，穿过厚重的历史一直光耀到今天，乃至后世。至此，报国寺始，会宗堂终。

历史的舞台已悄然落幕，我们终于走进了今天的报国寺。

报国寺历经两次扩建，已经是四层殿宇和亭台楼阁皆全的宏大寺庙。寺内殿宇轩昂，佛像异常璀璨。无论是弥勒殿还是大雄宝殿，无论是七佛殿还是普贤殿，再或者是藏经楼、吟翠楼、待月山房等，远远望去，从前至后逐级升高，布局井然有序。

七佛殿内安放着七座佛像，中间便是至尊——释迦牟尼。另外，寺内还有一尊罕见的瓷佛，2.4米高，身穿千叶莲衣，身形丰满，神情端庄。传说这尊佛像是明永乐十四年（1416）在江西景德镇烧制的，具有极其珍贵的历史价值。

元代书法家赵孟頫书《王右军兰亭序》便存放于这里的藏经楼。据说，藏经楼里存放着大条幅的作品，其中不乏郑板桥、康有为、张大千、徐悲鸿等名家墨迹。似乎那些薄薄的尘埃下隐藏的是那些穿越时空，却依然鲜活的面孔。他们将命运交付艺术，寄灵魂于作品。

在报国寺周围古楠的修竹掩映中，有一口相传是峨眉十景之一的"圣积晚钟"。寺钟高2.8米，重12.5吨，上刻自晋朝以来历代帝王将相、高僧居士姓名和铭文、佛偈6万余字。当年入夜敲

Chapter 1 ● 雄奇险秀——天下山水在于蜀

>> Look

钟，每敲一下，钟声历时1分15秒，声闻30里，空谷传音，动人心魄。钟声所到之处，皆带给闻者以平静，驱散噩梦，使其梦境更加甜美。

从古至今，中国的文人墨客从未停止过对"月亮"的追捧。不管是出于顾影自怜的伤神，还是含沙射影的反抗，抑或悲天悯人的感慨，甚至是互诉衷肠的表达。这轮高悬于古老土地上的明月，承载了这个民族太多太多纷繁复杂的情感。虔诚地抬头仰望，让皎洁的月光洗涤胸中的浮躁，不失为峨眉观月的一种享受，这种享受便在洗象池。

池月共赏，却又各抒其情。明代诗人顾炎武婉约地吟唱出："洗象池边秋夜半，常留明月照寒林。"笃信佛法的诗人梁叔子，在诗中又是这么评价的："片石孤云突窥色，象池皓月映禅心。"

是的，禅心，在洗象池赏月，修炼的是一颗玲珑的禅心。

峨眉山洗象池在峨眉山海拔2070米之上，凌驾于钻天坡上，于清康熙年间建成。洗象池起初被称为初喜亭，意思是说游人以为到此已登顶，心里甚是欢喜。传说，古时佛教始祖释迦牟尼的大弟子普贤菩萨骑象登山时，曾在寺前一方池中汲水洗象，因而得名。因为属高寒地带，雨雪较重，故而其殿矮小，且用铅皮盖房。

"象池夜月"同是醉人的十景之一。

入夜，每当云收雾敛，月朗中天，月光映入池中，水天一色。你坐在低矮

▲ 峨眉山金顶上的普贤菩萨坐像

的铅皮客寮的屋檐下，手托双腮、仰望天宇，像是回到纯真的孩童时代。月明星稀，坐在蒲团上打坐参禅，此刻，不失为一种境界。

如果遇上新月当空，月光虽然暗淡，却是另一番美景。从舍身崖下随着气流鱼贯而出、徐徐升起的"圣灯"是一种让人叹为观止的绿色光团。星星点点、闪闪烁烁，百点、千点、万点……洒满了洗象池周围的山山岭岭，仿佛天上的繁星和地上的圣灯连成一片，让人不禁吟叹："此景只应天上有，人间哪得几回睹？"

"秦时明月汉时关"，长城的月夜承载着征战的凄凉和壮美；"二十四桥明月夜，玉人何处教吹箫"，苏扬的月，伴着盈盈歌女的歌舞升平，袒露的是纸醉金迷的奢华；"烟笼寒水月笼纱"，秦淮河的月夜就像是江南女子皎洁的面容，小家碧玉。但是峨眉的月，似乎是受了普贤菩萨的点化，沾染了佛性，赐予观者的，是更多的平静和淡

▲ 于峨眉山索道登高可观"云海",随着风势,云层缥缈多变,神奇莫测。

然。淡然入世,安然处事。赏月也是一种修行,修炼成一种境界,这种境界叫慧眼禅心。

在从洗象池上山的路上,有许多大大小小的寺庙。心里总是期许着能遇到如周芷若般美若天仙的女子,她们虽面带薄纱,但还是可以隐隐地看到眉心朱砂的印迹,她们将自己清秀的面容同古老的寺庙一起隐匿于斑驳的树影当中,常伴青灯,炽烈的青春和佛灯一同燃尽。

黄卷青灯,美人迟暮,千古一辙。

山路的两旁,是盛放的杜鹃花,海拔3000多米的高山,依然有鲜艳的花朵,灿烂地开放,它们就像是一张张明媚的笑脸,鼓励着这些历尽千辛虔诚登顶的行人。

顶礼膜拜……似乎这个世界上再没有比信仰更让人执着的东西了。快到金顶的时候,隐约看到前面石阶上有一起一伏的身影,心中暗暗疑惑。拾阶而上,赫然看到一个身穿厚厚僧袍的僧人,三步一叩,缓慢地向金顶行进。这是金顶的朝圣者,他只是络绎不绝的虔诚的朝圣者中的一个。僧人中等身材,黝黑的皮肤,身上破旧的僧衣上结着大块大块的补丁,背上背着大大的包裹,露出斗笠和崭新的僧鞋,这样崭新的僧

▲ 峨眉云海瞬息万变，时而平铺絮棉，时而波涛漫卷，时而簇拥如山，时而分割如窟。

鞋，一路上不知穿坏了多少双。他轻轻叩首，仿佛整个峨眉金顶都随同这个动作微微地震动，抬起头，额头中央赫然是厚厚的老茧，这老茧厚一层，虔诚就增一分。

峨眉金顶是第二高峰，海拔超过3000米。相传，金顶最早的建筑建于东汉，名为普光殿。唐宋时期，此殿更名为光相寺。而金顶殿，本是修于明万历年间的铜殿，万历皇帝朱翊钧曾为此题名——永明华藏寺。当朝阳照射山顶，金殿便迎来金光闪耀，炫丽异常，壮观之至。

金顶高出云端，站在山顶，极目远眺，感觉胸襟无限开阔。若是晴日，仰望悠悠蓝天，脚下白云皑皑，俯视千里田园，仿佛在海拔3077米的高度也可以闻到山下甜甜的稻香。岷江、青衣江如丝带萦绕，缠在自己的脚踝，像是蒸腾缭绕的雾霭。

眺望巍峨的雪山，心中浮想无数个关于雪山的传说，传说中每个雪山都是一个威武的山神，这些山神日日夜夜注视着峨眉金顶，时时刻刻感受着普贤菩萨的感化。

峨眉的佛光，是峨眉一绝，佛光在佛教界称为"随缘应化"。每当雨雪初霁，太阳西照，流云缱绻。太阳的余晖斜射在舍身山下的云朵之上，你会看到一个红色在外，紫色在内，中心部分发亮的彩色光环。你的人影映入光环之中，身影分明、人动影随。

本想转身离开金顶，却回身叩首。向恢宏的四面十方佛叩首，向金碧辉煌的金顶叩首、向巍峨的雪山叩首、向瑰丽的日出云海叩首、向虔诚叩首。

"大行普贤，愿行广大。"峨眉具有一种能量，这能量源于佛，它牵着信仰、引着虔诚，更引着无数朝拜者络绎不绝的脚步。

Gonggashan

那 贡嘎山 中的人间仙境

Chapter 1 ● 雄奇险秀——天下山水在于蜀

  每年拉萨的朝圣，虔诚的藏族群众总要翻越这片连绵起伏的余脉，用身体丈量冰雪，一起一伏，磕着长头向拉萨前进。在雪山与冰川的背景下，一个个单薄的身影一起一伏，像是被镀上了金色的光环，耀眼无比。

  "贡嘎"在藏语里的意思是"最高的雪山"。它坐落于横断山区，在辽阔的版图上，在青藏高原与四川盆地的落差之间，突兀地耸立着，巍峨无比，峰顶覆盖着一片皑皑的白雪。

  贡嘎山主峰高7000多米，因为雄伟高大，它被誉为"蜀山之王"，峰顶终年被积雪和冰川覆盖。贡嘎山是茶马古道的必经之路，千百年来，日出日落，在晨曦与余晖中，贡嘎山目睹着茶马古道上熙熙攘攘的人群与络绎不绝的马队。

  贡嘎山上白雪皑皑，山下却是萋萋芳草和遍地的野花，野花星星点点地盛放，像是散落在草地上五彩缤纷的星星。在贡嘎山上，盛开着一种高山杜鹃。年复一年，它们承受着寒冷和孤单，却依然娇艳地绽放，或许是因为高山的阳光，巍峨的

▼夕阳下的贡嘎山主峰好似燃烧的火炬，绽放着神秘的光芒。

▼春夏之交，杜鹃花奇异的花朵、明艳的色彩，在雪山的映衬下，格外美丽。

雪山，才成长为世间最纯净的生命。

因为贡嘎山的高度和坡度，每年都吸引了大量的登山爱好者来到贡嘎山挑战极限，一个多世纪以来，贡嘎山总是以一种淡然的姿态，迎来送往，任世人走过草地，爬过荒原，翻越雪山，一层一层掀开贡嘎山神秘的面纱。这些人不远万里来到贡嘎山，不仅是出于对生命的挑战，更是在灵魂深处怀抱着对贡嘎山的敬畏，这种敬畏是夙愿，哪怕长眠于皑皑雪山也义无反顾。

在贡嘎山上，一块纪念碑傲然伟立，碑身上题刻着一个世纪以来长眠于贡嘎山的勇士们的名字。这些醒目的名字让人们为之动容，他们是不朽的，他们是幸福的，因为贡嘎山像博爱的母亲一样拥抱着他们。他们在母亲的怀里安然入睡，在几经风雨之后，终于找到了灵魂的皈依，从此长眠于世间最纯净的土地。

▲ 这一刻，内心放空，时空静止，贡嘎山上，那美得让人窒息的云海在夕阳中熠熠放光，恍惚间，仿佛到达了天堂的入口。

遥望贡嘎山，依稀可见远处的灌木丛中走来的两个姑娘，她们骑着白马，编着长长的辫子，穿着颜色鲜艳的藏袍，年轻的脸上印着两团醒目的高原红，质朴的笑容像冰川一样纯净，令整个春天都为之动容。

"跑马溜溜的山上，一朵溜溜的云"，这经久不衰的《康定情歌》，似乎也传到贡嘎山的山巅。嗒嗒的马蹄也许是个美丽的错误，惊起了草丛中休憩的蝴蝶，惊乱了路旁男子激荡的心。

贡嘎山的余脉跑马山麓，遍布红顶白墙的藏式民居，这里的藏族人民世世代代亲历着家族利益与情感的纠葛，世世代代见证着茶马古道的繁华与沧桑。

在康定，每天都上演着浪漫唯美的爱情故事，这些英姿勃发的青年男女骑着马驰骋在跑马山麓，唱着歌，围着火堆跳起"锅庄"。他们膜拜着远方的贡嘎山，祈求爱情的幸福完满。那些未能终成眷属的孤单灵魂，化作跑马山的流云，日日夜夜对着贡嘎山修行，祈求来世可以收获幸福。流云之上，是夕阳下巍峨的贡嘎山主峰。

正是因为这些，贡嘎山不再是单一冷峻的面孔。夕阳的余晖给雪山穿上了柔和的外衣。古老的爱情为雪山带来了丰润的色泽。雪山映射出橘色的光芒，普照四方，将傍晚的山村点亮。

人们总是喜欢向着贡嘎山祷告，火烧的流云下，是彤红的贡嘎山。这个时刻是贡嘎山的山神最柔情的时刻，也最容易听见你心底的愿望。

站在贡嘎山脚下，能即刻感受到人类的渺小，造物者的鬼斧神工造就了贡嘎山巍峨的形象。那些发源于冰川的溪涧，汨汨流淌，用最纯净的水养育着康

▲贡嘎山雪白的山峰静静地耸立在眼前，山腰上不时飘来稀疏的几朵白云，隔着云海，感受着旷野的宁静。

定地区的百姓，眼前的白雪和冰川，让我们仿佛身处梦境，回到了纯真年代。

人最应该享受简单纯粹的生活，就像康定的百姓，置身山野，没有世俗的侵扰，没有奢华的诱惑，只是简单地为信仰活着。无欲则刚，这是一种境界，就好比贡嘎山的性格，与世无争却独享"蜀山之王"的美誉。仰望高山，不仅是对生命的净化，也是对灵魂的升华。

Jiuzhaigou

九寨沟，碧水中潋滟的斑斓

　　花海流觞、落雨谈蝉，斑斓的岁月总流转着斑斓的光影，光影疏斜处，一叶深红，在经幡之上绽放着九寨最美的柔情。

　　九寨沟，是中国著名的5A级风景名胜区，位处青藏高原与四川盆地的过渡地带，地质构造复杂，以水景驰名天下，素有"黄山归来不看岳，九寨归来不看水"的美誉。潺潺流淌的溪水，飞珠溅玉的瀑布，澄净明澈的海子，五彩斑斓的天池，汩汩如玉的清泉……九寨的水从来都是多姿而斑斓的。水光潋滟中，雪山蓝冰，幽壑茂木，彩峰叠瀑，委实美轮美奂。

瑶池在人间的倒影

　　天上旖旎可如瀑，人间瑶池应如是。九寨沟，从来都是最绮丽、最梦幻的童话世界。

　　九寨沟，顾名思义，是一处山沟谷地。沟内山水交错，湖泊遍布，纵深约五十千米，总面积六百五十多平方千米，风景如画，森林覆盖。在幽深的林木之间、山花烂漫的地方，错落地分布着盘信寨、尖盘寨、则查洼、盘那亚寨、故洼寨、荷叶寨、黑角寨、树正寨、彭布寨九个藏族寨子，九寨沟之名也由此而来。

　　相传，九寨的先民原生活在甘肃玛曲，隶属于阿尼卿山脚下的河曲部。唐初，松赞干布以河曲部为先锋东征松州，河曲部的部分属民便留在了松州白水河畔，世代繁衍，演绎了灿烂的九寨藏族文化，亦即九寨六绝之中的"藏情"。

　　除了"藏情"，九寨沟还有"翠海、叠瀑、彩林、雪峰、蓝冰"五绝，六绝连环，相映成趣，共同勾勒出了一幅唯美的图卷，直似瑶池在人间的倒影。

　　秋舞霜天、夏落繁花、春水流樱、冬雪皑皑，一年四季，无论何时，邂逅九寨，都能尽享视觉的盛宴。尤其是金秋十月，万山红遍的时节，走进九寨沟，就像走进了一个色彩斑斓的世界。

　　九寨沟位处四川阿坝藏族羌族自治州九寨沟县漳扎镇内，岷山山脉南段与嘉陵江源头白水河水系的交汇处，地势南高北低，为典型的高原湿润气候区。沟内山谷深切、地形复杂、植被茂密，原始森林覆盖率高达80%以上，有四川红杉、白皮杉、领春木、连香树、三尖杉、麦吊云杉等植被近两千种。秋日，原本青葱的树叶渐渐地被大自然染成了红色、黄色、橙色……或浅淡，或浓烈，或一片片铺开，或

纷纷扬扬的粉白覆盖了山林,大自然为我们打造了一个如梦似幻的童话世界。

▲ 九寨沟的山峦连绵起伏，云绕山间，山纳云端，水依山形而妩媚，壮观无比。

▲ 地震后的九寨沟，碧水瑶池，叠青泻翠，依然宛若仙境。

一点点晕染，远看层林染赤霞、近观黄叶渲斑斓，山光水影、林水相映、色彩迷离，在浓浓秋意下，自然演绎出了"彩林"最静美的时光。

而入冬时节，当初雪飘落，纷纷扬扬的粉白覆盖了九寨沟那峻拔的山脊，一座座连绵的"雪峰"在阳光的照耀下闪烁着苍蓝的光芒，远远望去，崖壁嶙峋、层峦叠嶂，山之巍峨宏丽委实摄人心魄。

天下第一水

九寨六绝，水占其三，水在九寨的地位，可见一斑。

人常说，"黄山归来不看岳，九寨归来不看水"，九寨的水也的确是钟灵毓秀，足称天下第一。

所谓"翠海""叠瀑""蓝冰"，实际上指的不过是九寨三种形态不同却同样唯美的水景。

"翠海"指的是九寨的湖光。

九寨沟内有三沟一百零八海，五滩十二瀑，十流数十泉，其中，最明丽、最旖旎的便是一百零八海。

在九寨当地，湖泊一般被称为海子，九寨沟内，有108座，这108座海子如一颗颗翠色星辰雕琢的宝石被高山、彩林、村寨、古藤、激流、瀑布有序地连缀在一起，形成了人间最美的一串珠链。火花海、五花海、芦苇海、树正群海、熊猫海、箭竹海、五彩池、天鹅海、芳草海、镜海、长海等，都是珠链上最炫美的宝石。

芦苇海是一片有沼泽雏形的湖泊，湖水澄净碧绿，晶莹剔透，湖中芦苇丛生，芦花飞扬的季节，金碧相映，别有一番野趣。火花海湖水湛蓝，晨曦初露时，温暖的阳光铺洒在湖面上，粼粼波光中似有朵朵火花激荡，景色委实奇幻。树正群海是一片由二三十个大小不一的海子呈梯田状集聚而成的美丽水群落，高差百米，林木叠翠，延绵数里，湖水自上而下在树丛之中奔流不息，卷起千堆雪浪，树海之间，各个海子形态色彩各异，或绿若翡翠，或蓝若晴空，或蓝绿相应，层层叠叠，潺潺淙淙，动静之间，自然演绎着一种天然的清美。

箭竹海中箭竹丛生、水竹相映、妙趣天成；熊猫海中，碧水氤氲，那白底黑纹的巨石倒的确与萌翻了整个世界的熊猫宝宝很是类似；风和日丽时，镜海无澜，一如一面明透的宝镜；长海是九寨沟最大的海子，墨蓝色的水光倒映着两岸葱茏的林木与远天峻拔的雪峰，绮丽且壮美；当然，九寨最美的海子还是五花海。淡淡的阳光下，湖泊深处绚烂的海藻及岸边奇花异木斑斓的倒影，让五花海瞬间便化成了一片色彩的汪洋。鹅黄、藏青、宝蓝、墨绿、淡紫、橙黄、深红、乳白，各种色彩交织，如梦似幻。尤其是入秋之后，"翠海"映着"彩林"，那般美景，可称遗世无双。

九寨之美，不仅仅在"翠海"，还在"叠瀑"。

九寨沟内河道纵横，水流呈阶梯状在最苍莽的林木之间奔流，形成了一个又一个各具特色的瀑布。这些瀑布，有的飞流直下，有的缠缠绵绵，有的如玉带横空，有的如银河天降，有的……形形色色，却都洋溢着不一样的水之风情。

❶ 海子
❷ 蓝冰
❸ 叠瀑

Chapter 1 ● 雄奇险秀——天下山水在于蜀

>> Look | 13

诺日朗瀑布宽约二百七十米，是九寨沟最宽的森林瀑布，瀑布巍然于两山耸峙之间，飞流直下，水声如雷、水帘激荡、气势磅礴，湍急的水流、飞溅的莹白，掩映着春日的娇花、夏日的绿叶、秋日的云雾，风姿别样。

如果说诺日朗的美是一种磅礴的美，那么树正瀑布、珍珠滩瀑布的美就是一种雄浑中氤氲着婉约的美。瀑布流泉点缀着阳光，条条水线似垂落于天际，水线旁有幽静的廊桥栈道，有独特的藏式建筑，五彩的经幡招展，澄碧的天空如画，气象万千间潜藏着一种"小桥、流水、人家"的宁静之美。

然而，瀑布的美还不止于此。

飘雪的冬日，万物冰封，九寨的瀑布也难以避免地陷入了沉眠。于是，陡峭的岩壁上那闪烁着幽幽蓝光的冰挂、冰幔、冰柱便成了天地间绝美的风景。凝固之后的瀑布，仪态万方，或巧致、或雍容、或清丽、或素雅，澄净的蓝与皑皑的雪相映，虽然无言，但却将大自然的鬼斧神工展现得淋漓尽致，也难怪被誉为"蓝冰"的冰凝瀑布会成为九寨六绝之一。

涅槃重生，风华依旧

九寨自古多倾城，倾城之下坎坷生。或许是因为九寨太美了吧，美得连苍天都要嫉妒。2017年8月8日，一场突如其来的地震，重创了九寨沟。

地震震源很浅，震级高达7级，地震之后，曾经的人间仙境瞬间被打落尘埃，断壁残垣处处。火花海、五花海受损，湖水变得浑浊不堪；诺日朗瀑布坍塌，不复旧观；其他大部分海子也遭到了不同程度的损伤，黯然失色。那一刻，伤痕累累的九寨沟成了世人心中永远的伤痛。

不过，世间最伟岸的力量从来都是大自然的鬼斧神工。震后仅仅半个多月，九寨沟便如涅槃重生般再次绽放了旧日的风华。彩林叠翠、瀑布飞溅，

▲ 九寨沟的秋天美得热烈、美得绚烂，让人不得不感叹大自然的伟力。

达人分享

九寨沟是藏族聚居地，有着丰富多彩的藏族文化，藏民多淳朴好客，藏族民俗风情也很独特，但与藏民相处时，也要注意一些禁忌，如：

1. 不要用手触摸藏民的头顶，哪怕是小孩子也不行。

2. 遇到火盆、玛尼堆、法器等与宗教有关的事物时，不要触碰，不要跨越，要顺时针绕行，否则会被视为不敬。

3. 在藏民家中喝酥油茶时，一定要用双手接过主人递来的酥油茶，并且，在主人敬茶时，要等到主人将茶捧到面前时才能接过来饮用。

▲ 面积17万平方米的九寨沟箭竹海，海拔2618米，湖畔箭竹葱茏、杉木挺立；水中山峦对峙，竹影摇曳；一汪湖水仍波光粼粼，充满生机。

海子重新变得清澈明透，山间林内，淙淙水声也再次绚烂着月光。原本干涸的火花海再次出现了水源，恢复旧观，指日可待。

千百年来，九寨沟中曾发生过无数场地震。地震之后，沟中形成了诸多堰塞湖，在风霜雨雪的雕琢下，曾经的堰塞湖成了九寨最美的海子。2017年，地震再次席卷九寨，旧日的风景湮灭，新的风华却在废墟中缓缓地酝酿着。或许，无须多年，九寨便又能令世界惊艳！

当然，震后的九寨仍然美得令人目眩。地震带给九寨的不仅仅是伤痛，也有大自然伟岸力量下的新的浑然天成的景致。

如果说，震前的九寨如出水的芙蓉般仙姿绝世，那震后的九寨便是一树凌寒傲放的紫杉，缥缈之中带着一种遗世独立的倔强，既有出尘之美，又带着一种沧桑的味道，置身其间，身体与灵魂会得到另一种形式的净化。

当然，除了自然风光，九寨沟的人文风情也冠绝川滇，多姿多彩的藏族文化总是能令人目眩神迷。藏历新年的红红火火、五月十五扎如寺充满了宗教风情的麻孜盛会、六月十五的黄龙寺庙会、八月十五盛大的燃灯节、摔跤、射箭、燃灯、骑马、篝火晚会等各种各样洋溢着藏族文化风情的活动，每一种，都能带给人们山水潋滟外的另一种文化体验。

"人间有桃源，绝世赞九寨"，踏着岁月的芳菲，行走在九寨沟，足尖流转着碧水间的斑斓、心中徜徉着欣喜与眷恋，无须回首，便已留恋；无须清歌，早已绕梁……悠悠九寨，碧水桃源，人间童话，谁能不深爱？

绝色四川

Huanglong

人间瑶池——黄龙

  黄龙位于四川省松潘县境内，平均海拔在3000米以上，是中国地势最高的风景名胜区之一。这里既以独特的岩溶景观著称于世，也以丰富的动植物资源享誉人间。乳黄色鳞状钙华体堆积千百年，沿着地势呈梯田状蔓延上升，远观犹如一条由时光精雕细琢的巨龙。十步九曲的黄龙从皑皑岷山之顶飞腾而下，昂首摆尾，神游于回旋的山谷中。古人赞曰："金沙铺地，千层碧水走黄龙"，这里也因此被称为"黄龙"。

  旅游车沿着岷山盘山而上，沿路植被种类和数量都逐渐减少，随着高度的增加，空气也开始变得稀薄，最高点是海拔五千多米的岷山主峰雪宝顶。它位于黄

▼ 镶嵌在黄龙雪山峡谷中的五彩池

16 | Look>>

▲五彩池的池水异常清澈，由于池底沉淀物的色差以及池畔植物色彩的不同，原来湛蓝色的湖面变得五彩斑斓。

▲冬季的黄龙

龙沟东南侧，呈巨大的银色金字塔状，独尊于群峰之中，山顶上终年积雪，雾气蒙蒙，气势磅礴。在其周围留存有丰富的古代冰川遗迹，这些遗迹发育成数条规模巨大的现代冰川，养育了美丽神奇的黄龙，还融化成近百个上万平方米的高山湖泊，造福了无数高原百姓。

  站立于山顶，只觉得天高云淡，视野无比开阔。神奇壮观的雪宝顶无比逼真地矗立眼前，神圣而雄伟，周围安静得只能听到自己的呼吸声，一切都出奇的冷峻。白云在山腰随风飘动时，才使得山峰有了一丝动态。屏住呼吸，迈着歪歪斜斜的脚步走近巍巍雪山，双眼盯着它不能移开半分，耳朵也似乎失了聪，某种神圣的感觉瞬间从心底渗透到全身，让人不自觉地进入了一种对大自然仰望和虔诚的状态，时间也像凝结在了这一刻。此时，人们会深刻地感悟到：躯体在造物主面前竟是如此渺小！

>> Look | 17

绝色四川

雪宝顶下有一座明代修建的黄龙寺，相传有道家真人在此建寺修行，得道成仙，所以建此寺用以祭祀黄龙。背后是湛蓝清澈的蓝天，头顶笼罩着白云缠绕的雪山圣光，脚下伴着五彩池的碧波清流；寺门正中的门楣上有一奇特的古匾，正看上书"黄龙古寺"，中规中矩，但左看却是"飞阁流丹"，右看则变"山空水碧"。在寺庙正殿门匾上如此舞墨写意，堪称世间一绝！数百年花开花落，岁月轮回，寺庙忠实地见证了高原雪域的沧海桑田。寺后左侧10米处有一游览洞，面积千余平方米，洞深至今无法考证。洞内遍布千姿百态的钟乳石，形态各异的冰林、冰幔、冰笋、冰瀑构成一幅冰晶画面，是探求宗教奥妙的罕见之地。

▲ 于雪宝顶登高远望，天际间屹立着皑皑的雪山冰峰，威严壮阔的黄龙雪山在澄澈的天空下倍显夺目。

黄龙美景静悄悄地藏在玉翠峰底下的峡谷里，穿过一片茂密苍翠的松林，就可以看到涓细的流水从倾斜的山坡上流淌出来。缓慢的流水顺着脊状坡地潺潺而下，流淌于层层叠叠的坡面，阳光下粼粼波光似片片"龙甲"，流光溢彩，宛若蛟龙戏水。在黄龙，水是天地的精髓，能养龙之灵气，水还是万物之源。银白色的水流，沿沟谷穿林越滩、层层跌落，注入那些千姿百态的水池中。倘若遇上水势旺盛的时节，缓和的流水变成一股股从天而降的激流，穿行在苍莽的林间，撞在山岩上，迸出朵朵浪花，溅入草丛中，滋润山花野草。

沿着搭在山岩旁边的栈桥，穿过一丛丛盛开的红花杜鹃树，眼前豁然开朗，五颜六色的碧水映入眼帘，一汪汪、一潭潭依阶而下，形成一条流光溢彩的彩池带。这条钙化带上每隔一定距离，水就被天然的堆积物阻断隔离开，形成了形态各异的海子，或马蹄形，或手掌形，或莲花形，水池大的像房屋，小的不过数平方米，参差错落。水流穿过或洁白、或土黄、或赤黄相间的池堤，形成一幅壮阔的人间梯水、天上瑶池的奇特景观。

穿越于黄龙的高山深谷,山谷绵长而深邃,仿佛还流溢着袅袅的颤音。

或翠绿或碧蓝的彩色水体,像绿宝石一样熠熠闪光、美丽异常,不管是蓝、是绿,还是黄,池中的任何一种色彩都纯净无比。同源的池水闪烁着迥异的色彩,但走近俯身细看时,五颜六色的水又变得没有任何颜色了。阳光下的空气那样清澈、透明,其实那水本没有颜色,可见的色彩是池体沉淀的不同质的钙化体,在光照下反射出的不同的太阳光。池塘底部的浅灰色岩石清晰可见,像满地的积雪,也像天空的乌云。岸边是满山的青松,五颜六色的花草和丛生的茂盛藤木,似水中"盆景"点缀其间,把碧蓝晶莹的绿水,映照得更浓郁、更深沉、更秀雅妩媚。

顺水而下,人在水中动,云在水中流。一步一景的是各色的池潭,层层彩池,叠叠相扣,错落有致。每个潭的四周略微高出一些,里面水静如镜,像极了一个个人间浴盆。据说王母娘娘曾在这里洗浴,"人间瑶池"一说也就由此而来。远处的雪山、近处的树林、天上的流云、池边的古木,或"金沙铺地""洗花池群"相映成趣,或"流辉池群""明镜池群"遥相呼应。而众多海子中,最美、规模最大者,还要数黄龙尽头的"五彩池"。

五彩池位于黄龙最上端,面积五千多平方米,有693个钙化池,形状各异的彩池宛如盛满了五彩颜料的水彩板,蓝绿、海蓝等,艳丽奇绝。五彩池就如一块巨大的蓝宝石一般藏在深谷之中,以秀美多彩、纯洁透明闻名于天下,是最小巧玲珑,却同时最为色彩艳丽的池

绝色四川

子。池潭开阔，水体浓烈，和远山、蓝天、白云、绿水构成一幅美妙的图画。

五彩池异常明澈，透过池水，可见到池底岩面。细细的石纹纹理分明，漫步池边，青山吐翠，同一湖泊里水色变化无穷：有的水域蔚蓝，有的湾汊浅绿，有的水色绛黄，有的流泉粉蓝……山风吹拂，水面荡开一圈圈或金红、或金黄、或雪青的涟漪，分外妖艳。那是由于池里生长着水绵、轮藻、节节草、小蕨等草本植物，这些水生群落所含叶绿素深浅不同，在池底沉淀物的色差中呈现不同的颜色。五彩池水从不结冰，因为这池水是由位于高处的长海经地下补给，地下四季常温不冻，补给水量全年大体稳定，所以即便是寒冬地冻三尺，四季雨旱交替，池水依然清波荡漾。

▲ 黄龙五彩池中的神秘景观

Chapter 1 雄奇险秀——天下山水在于蜀

　　除了流水，黄龙的山也格外迷人。清晨，云雾缭绕，仿佛漫山遍野都蒙上了一层薄如蝉翼的轻纱。人行于山间，如浮游于云海之中，高山的清新与缥缈的气息相融合，使人神清气爽，心旷神怡。山风阵阵，将这蒙蒙迷雾化为缕缕丝绸，只见处处溪水潺潺，莺歌燕舞。每一处景都值得品味，无论行、卧、站、立，都是一幅风景画。倦时，闭上双眼，鸟语花香扑面而来；张开双臂，风从两腮轻轻掠过；伸出双手，水在指尖上轻巧地舞蹈。

　　其实大多时候，我们喜欢的不仅是那一处景，而是伴随那一处景同时出现的所有记忆和怀恋，我们喜欢的甚至也许不是眼前的大自然，而是大自然在人心里所拨动的那根琴弦……

>> Look ｜ 21

▲ 远望黄河九曲第一湾

Huanghejiuqudiyiwan

黄河**九曲第一湾**，感受宇宙中的庄严幻景

  在中国这片广袤的土地上，有两条伟大的生命之河，一条是长江，一条是黄河。黄河自青海巴颜喀拉山发源，从西向东，经过四川的草原，在若尔盖县唐克乡索克藏寺院旁，与白河汇合，形成了黄河九曲的第一大转弯，蜿蜒曲折。曲折的河水造就了无数的河洲与岛屿，上面红柳成行，婆娑多姿，打渔的小舟在河里穿梭。

  传说中，若尔盖大草原上的白河，是个美丽的姑娘，她在草原上徘徊着，等待如意郎君。智勇双全、相貌英俊的黄河喜欢上了她，不远万里前来迎娶，在索克藏寺院旁，他们一见钟情，于是结合在一起，携手并行，奔流向天涯。又有一种传说，白河是黄河的弟弟，黄河担心白河在草原上迷失了路，找不到自己，于是前来找白河，他们在索克藏寺院旁相遇，一起前行。

▲ 看着这静谧的山中世界，谁都会想到美好的世外桃源。

▲ 在这寂寥的大地上，水与天的静就是人的静，而人的思也正是山水之思。

索克藏寺院里，喇嘛端坐在那古色古香的建筑中、端坐在酥油灯的光焰中、端坐在庄严无比的"唐卡"中、端坐在经幡之中，日复一日、年复一年，看着白河汇入黄河，看着这黄河九曲第一湾。

唐克山坡的木栈道，像一条小小的长城，沿着它登上山顶，放眼望去，一切景色尽收眼底，无边无际的高山与草原，一直到天的尽头，黄河如玉带一般从天尽头流过来，又向另一端的天尽头流过去。

从草原上流淌而来的黄河没有"九曲黄河万里沙，浪淘风簸自天涯"的气势，而是洗净尘埃，婉转地流淌过来。白河也宁静地流淌过来，与其交汇在一起，奔流而去。天空湛蓝，白云如絮。或许，这只是"黄河西来决昆仑，咆哮万里触龙门"那吞吐天地的大雄壮之前的蕴育与潜藏？

在黄河大草原的湿地上，黑颈鹤展翼而舞，清鸣如歌。"诗圣"杜甫赞叹的"竹批双耳峻，风入四蹄轻"的河曲马也出产在这片草原上，它们雄骏高大，奔驰如风。

到了黄河第一湾，落日是必须要看的。当日头渐渐落下，红霞满天，天上天下都被笼罩在金色之中，无边无际的草原浮起金色的光芒，就连黄河的水也被染成了红铜色。放牧的牧民、炊烟袅袅的帐篷、藏族人的村寨、古老的寺院、粗犷的磨房、神秘的经幡、庄严的白塔，在落日下给宁静的黄河带来了一丝与生俱来的沧桑感——长河落日圆。

然而，俯仰天地之宽，山河之壮，这无垠的天空、宽广的大地、辽阔的草原，从亘古流淌过来的河流，当我们沉浸在其中时，是否会想到，生命从何而来，向何而去？在这片天地里，自身是微不足道，还是至高无上的？

不管你想到什么，黄河九曲第一湾，这天地间的奇景，当得起中外科学家们给予的赞赏：宇宙中的庄严幻景。

Chapter 1 ● 雄奇险秀——天下山水在于蜀

>> Look | 23

Ruoergai

若尔盖，云端之下有天堂

曾经以为，世间最美的地方，不外桃源；但，当花湖的斑斓迷醉了日光，当黄河的壮美蜿蜒了白云，当纳摩的红岩绚烂了格尔底，风吹草低之间，却才发现，原来，云端之下自有天堂，它，是若尔盖。

若尔盖，位处青藏高原东北缘，阿坝藏族羌族自治州境内，地形复杂，气候高寒，凛冽之中却自有一番旖旎的风韵，素有"云端天堂"的美誉。黄河与长江在此泾渭分明地流转，两河的分界岭也将若尔盖划分出了东西两种不同的风情，东部山峦起伏、群峰叠翠、峡谷纵横，西部天高云低、水草丰美、牛羊成群、东西相合，蔚为绝美。

一碧万顷，花湖烂漫

如果若尔盖的美有十分，那么，其中八分应该属于草原。

若尔盖草原是中国五大草原之一，幅员辽阔，一望无垠，茵茵的碧草耀着阳光，蓝天相衬，白云相偎，野花烂漫处，总洋溢着一种朝气蓬勃的韵味。成群结队的牛羊，膘肥体健的唐克马伴着牧人的长鞭和悠扬的冬不拉，更别有一番风情。

草原最美的时节是七、八月，七、八月最美的地方则是热尔。

热尔湿地大草原，是若尔盖的明珠，又名热尔大坝，占地320万亩，以深邃、苍莽、壮丽、广袤而著称。夏日，阳光最温醇的时候，静静地伫立在一片芳菲之间，极目远眺，风吹草动，万顷碧色如波，星星点点的野花点缀其间，一丛丛、一簇簇、一团团，或红如火、或粉如霞、或翠如玉、或灿若金，斑斓而炫美。"望原兴叹"之余，或徒步、或骑马，一步步向着草原深处漫溯，摘几朵野花，拾几个蘑菇，与充满了草原风情的牦牛合个影，在羊群前面悄悄地摆个Pose，看着远处村落间袅袅升起的炊烟发发呆，搭个帐篷露宿，喝杯青稞酒，来碗酥油茶，夜色阑珊时围着篝火跳一曲锅庄舞，其实都是蛮有情趣的事情。

但是，热尔最情趣盎然的地方还是花湖。

花湖是湿地湖泊，湖面辽阔，蓝色的湖水明澈纯美，从浅蓝、到海蓝、到深蓝、再到略有些深沉的墨蓝，花湖的水波，永远都是那样的色彩跌宕、泾渭分明。七月，繁花盛放的时节，花湖

▼ 飘扬在若尔盖草原上的经幡

Chapter 1 ● 雄奇险秀——天下山水在于蜀

也在水云之间将蓝色的斑斓缱绻。湖中，丛生的芦苇荡漾着阳光，芦花悠悠，恍若粉雪，略有些斑驳的木栈道则将花湖的水波逶迤。漫步栈道上，静看黄鸭嬉戏、黑颈鹤曼舞，也自是一种绝妙。

▲ 若尔盖草原宛如镶嵌在川西北边界上一块瑰丽夺目的绿宝石。

九曲黄河，第一道湾

"草上烟云生，碧水迤逦成"，当花湖的纯美与唐克的豪放交错、当白河的浪涛与黄河的巨浪交辉，第一湾的风华便再也难以遮掩。

或许是受了若尔盖简单、宁静的气质影响，在第一湾处，汤汤的黄河水从不见一丝"西处决昆仑，咆哮触龙门"的磅礴伟岸，有的，只是一种宁和致远的静美气息。

千年的迂回，万年的迤逦，淡去了浪湍飞流的急

▲ 游走在若尔盖，体验世界上面积最大、保存最完好的高原泥炭沼泽湿地。

躁，但静美的黄河却依旧有着不泯的大气与气吞山河的浑厚，这种浑厚，无关其他，唯有天成。站在索克藏寺前的山丘顶，极目远眺，白河如银缎，黄河若金带。白河迤逦，浩浩荡荡，似乎要直入穹庐深处；黄河蜿蜒，宁静多情，好像悠悠北逝的不是水波，而是岁月。当金银二色在一片盎然的碧绿之中交缠融汇、当落日融金、余晖轻轻洒下，那种氤氲着柔美的壮丽，难以言喻。

另外，第一湾中，岛屿星罗，错落有致，点染着赤霞的红柳在岸边蔚然成林，林中水上，雀鸟翔集，鹤鸥眠宿；日暮时分，伴着渔舟之上的点点灯火及大片大片仿佛要将天空遮盖的金红，却也颇有些"落霞与孤鹜齐飞，秋水共长天一色"的味道。

巉岩溶洞，纳摩悠思

枕黄河，听涛声琳琅，是一种境界；入峡谷，寻幽探芳林，也是一种乐趣。

纳摩大峡谷，又名白龙江大峡谷，位处若尔盖县北，是一个神秘的地方。

顺着白龙江滔滔的水声，一路追寻，邂逅了红墙绿瓦、邂逅了晨曦炊烟、邂逅了一路的山花烂漫、月影流金之后，纳摩的妖娆便已在望。

五彩的经幡装点着峡谷的幽静，仰首望去，一线蓝天自苍穹之上悬落，孤云悠悠，袅袅着山间的薄雾、红色的岩石、青灰的山壁，崖间舒展着葱绿的藤萝，足畔潺潺着静谧的溪水，或许并不惊艳，却别有一种小清新的文艺范儿。

峡谷内，洞穴巉岩无数，奇峰怪石林立，飞鹰崖、鸽子洞、仙女洞、盘龙洞、老虎洞，造化灵秀，神工巧致。仙女洞中，仙女石兀立，如画的眉眼，飘飞的衣带，栩栩如生；石畔，常有柏香轻燃，那是山民们的供奉。仙女洞对面，是盘龙洞，洞内，镌刻着一条活灵活现的白龙，腾云吐雾、鳞光闪闪，眸光柔

Chapter 1 ● 雄奇险秀——天下山水在于蜀

>> Look | 27

和而神圣；老虎洞中，一尊猛虎居高临下地俯视着乃溪的流水，飞鹰崖上，"苍鹰"振翅向往着蓝天，万变千奇，令人流连。

峡谷侧畔，白龙江边，还有一座格鲁派的寺院，名为格尔底寺，寺庙恢宏壮丽，洋溢着满满的藏传佛教风情，与隔江而望的郎木清真寺，相得益彰，若有暇，去看看倒也无妨。

佛前应叩首，峡谷水流岚，告别纳摩，尚未转身，眸中便又有万般风光流离：莽莽绿林中，降扎温泉的水雾轻萦；古镇侧畔，巴西会议会址古老而斑驳；西部牧场，花海之中牧歌嘹亮；藏区村寨，骏马嘶鸣，金黄的烤全羊映着篝火，一只黄河鱼就是一曲锅庄……

或许，若尔盖真不是一个时尚精致的地方，但无论是谁，只要与若尔盖擦肩，便注定会对她一恋倾城，不是吗？

达人分享

芳草幽幽的若尔盖，尚未邂逅，便已令人眷恋，而邂逅若尔盖，要注意的还有许多：

1. 若尔盖是湿地草原，和呼伦贝尔那种风吹草低见牛羊的感觉是不同的，去之前最好先弄清楚。
2. 若尔盖是藏族聚居地，草原上藏民很多，和藏民相处，要尊重当地的习俗，尽量避免与藏民冲突，想要和藏民合影或者给他们拍照，一定要征得他们的同意，不要偷拍。
3. 购买特产或者纪念品最好选择正规的店铺。

▼ 浩原沃野，广袤无垠，简单、安静的花湖风光旖旎，牧歌悠悠。

▲ 四姑娘山风光

Siguniangshan

四姑娘山：冰清玉洁，险峻秀美

相传，有四位美丽善良的姑娘，为了保护心爱的大熊猫，不顾生命安危与妖魔英勇作战。姑娘们被妖魔施了魔法，于是，之后的日日夜夜，人们再也看不到四位姑娘灿烂的笑靥，取而代之的是远处视线中那四座挺拔秀美的高峰。它们，便是被施了魔法的四位姑娘。

一直以来，四姑娘山在当地藏族群众的心中被敬为神。因为只有在神的庇护下，百姓才能生活得幸福、安康。它们坐落在横断山脉的东北，主峰是最小的姑娘，叫幺妹峰。因为山峰主要构成部分为石灰石，所以，在遭受大自然的常年风化后，山体变得异常陡峻，且悬崖峭壁横生。相传，主峰幺妹峰的山坡上飞挂着无数条冰川，而那些冰川更是直逼山脚。朝向山脚的冰川让人们对西坡和北坡望而生畏，而陡峭的岩石，更是让人心惊胆寒。

然而，攀登四姑娘山并不是遥不可及的梦，为

▼ 四姑娘山下的观景台、白塔群并不多，在白塔边领略和感受巍峨壮丽的群峰，也不失为一种享受。

绝色四川

了欣赏到四姑娘山除却陡峭之外的另一番迷人景致，每年都会有人从成都出发，行经都江堰、卧龙之后到日隆，再骑马北上约20千米，便可抵达四姑娘山的脚下。

以秀美与险峻著称的山，必定有其傲人的景色。遥望整个山峰，除了陡峭的山体外，还能看到那似乎与蓝天亲密接触的峰尖和冰雪覆盖中的炫目银色。整座山川被茂密的翠绿覆盖，却依然能听到绿荫旁边的小溪潺潺。有人称它们为"东方的阿尔卑斯"，这是因为它们秀美得宛若南欧的风光。

山峰沟壑、行云流水，所见之处，皆是美丽一片。四个俏丽的姑娘中，数幺妹个子最高，海拔高度达到6250米，其他姐姐的海拔高度也均在5300米之上。因为年复一年头顶白云，仿佛天然的皇冠一般生动，人们将它们称为"蜀山之后"，这样的称呼，在历史上是唯一的。

欲登上峰顶，第一站便是都江堰。从都江堰驶出不久，县城进入视线。之后看到公路两旁不断咆哮的峡谷与河流，朝着岷江的方向疾速奔流。经过卧龙的时候，能看到国宝大熊猫在保护区内嬉戏玩耍的身影，这让人不由得再次温习了四姑娘的传说。这些可爱的生灵，便是姑娘们用生命换来的、最为珍贵的礼物。

随着海拔不断升高，路边植物开始发生变化，针叶林与阔叶林隐匿踪影，取而代之的是一片片灿烂的野花与嫩绿的草色。一片鲜艳夺目中，牦牛凸现，本是庞大的巨物，以为会给人们带来威胁，可它们悠然食草的神情，丝毫没有"牛魔王"的狰狞。

越过一层又一层的路面，终于来

Chapter 1 ● 雄奇险秀——天下山水在于蜀

▲ 万木丛中遥望四姑娘山，它们好似下凡的云仙子。

到长坪沟，马背上的旅程结束后，便是撩开四姑娘山神秘面纱的时刻。荡漾在原始森林中、骑在传说中的马背上，不禁想起那首民歌："马儿哟，你快些跑快些跑……"

终于，远处的点点雪白，正一点点放大着身形，进入人们的视线。

阳光下，四姑娘山犹如一座银塔，在束束光芒中灿烂地显露出身影。然而顷刻之间，云雾遮挡住阳光，姑娘们纷纷藏起笑脸。这真是一个奇特的世界，在山脚还是夏装，到山顶便裹上棉衣。看似阳光焦灼而炙热，其实棉衣都不足以御寒。

整个过程，像是游走在三个世界之中。从山脚到山腰，从山腰到山顶，每次行走，都有不同的感受，心中都会重新充满继续前行的动力。

缭绕山峰的雾给人留下了深刻的印象。就像四姑娘蒙着的面纱，本想亲自来到这里掀开面纱，却发现已身在一片矜持的雾气中，这样的氛围恰到好处。有种曼妙的心境，在面对一片片云雾时，一同散播开来……

其实，来到四姑娘山的整个过程、到达之前的时间，要比游历完整个山峰更多。可是，也许这便是其中最可圈可点的地方。如果幸福来得太快，便不容易珍惜。这片山峰其实温柔到极致，完全颠覆了之前的种种想象。面前的一片皑皑白雪，真的就好像冰清玉洁的少女，在一片空旷之中，虽然蒙着面纱，却依然露出她那绽放着的、最真诚的笑容。

>>Look

绝色四川

Daochengyading

众神之所——稻城亚丁

有这么一个传说，在青藏高原深处某个隐秘的地方，隐藏着一个香格里拉王国。整个王国被双层雪山环抱，由8个成莲花瓣状的区域组成，那里有雪山、冰川、峡谷、森林、草甸、湖泊、金矿，那里美丽、明朗、宁静、和谐，是人间最后一片净土。而这一切，都恰恰是稻城亚丁所具备的。

稻城亚丁位于四川西南边陲，境内高低垂直高差达4000多米，西北高东南低。群山起伏，逶迤苍莽，是青藏高原上闪亮的明珠，散发令人震撼的美丽。

"亚丁"藏语意为"向阳之地"，因日照长而得名。天高云淡，阳光透过云层，柔和地笼罩着万物众生，雪峰、草场、森林、溪流尽收眼底。稻城置身于群山环抱之中，恬静地躺在两河贯穿的一片小平原上。成群的牦牛在空阔的草地上悠闲地吃草，山谷光芒照耀，一湾溪流从中流过，阳光下透出纯美的碧色。

随着川藏线海拔的增高，植物渐渐稀少，广阔的高山草原上，阳光明媚，只见白桦林中散落着石头砌成的漂亮藏居，袅袅炊烟在空中弥散，和天上的浮云融合为一体。继续攀爬，一望无际的石海在夕阳下闪着金色的光芒，那是远古时候地壳运动留下的大量巨型石头，在

秋天的亚丁美轮美奂，广袤的草原上芳草萋萋，成片的高山柏林苍翠如屏。

那起伏着的、苍凉的群山,在蓝色天空映衬下,雄伟而安祥。

岁月的冲刷下变得光滑圆润。

远处是无穷无尽的雪山,有青藏高原最大的古冰体遗迹——稻城古冰帽。晶莹的雪山便在迷雾与烟岚中显得空灵而神秘,一朵一朵的白云飘来又移走,平均海拔近五千米的冰蚀岩盆上,一千多个大小不一的海子星罗棋布,如上帝失手撒下的千颗钻石,灼灼闪烁在嶙嶙乱石间。碧蓝如玉的湖水极其寒冷,却从不结冰,晶莹剔透的水中游鱼穿梭,湖面百鸟休憩觅食,一派生机勃勃。就连漂砾遍布的湖边石缝中,也不时露出几株嫩绿,不知名的小草小花顶着娇小的叶片,在刺骨的风中摇曳出惊心动魄的美丽。

稻城亚丁的美,首先就是这里的海子山,海子山是稻城最大的古冰体遗迹,也是许多野生动物的家园。翱翔的雄鹰,奔跑的盘羊,还有山野里的麋鹿和野兔,它们世世代代在这里出生,成长,然后死亡,回归于这片土地。白骨和幼仔、逝去与新生,相生相依,永远循环不止。站在海子山,极目远眺,天无止、地无境,仿佛是一个无比壮观的天然石雕公园。铺天盖地,满目都是千奇百怪却又惟妙惟肖的天然石雕,一时间倾倒众生。

岩层里偶尔出现的恐龙化石,或一块远古森林留下的植物化石,都散发出远古时光的味道。在这里,一切生物都是未知的,但一切生命都有可能。走近时,顿时产生一种"前不见古人,后不见来者。念天地之悠悠,独怆然而涕下"的感慨,惊叹宇宙自然的神秘和不可思议。这就是海子山,它不但是一片山的海,石的海,更是等待人感悟生命的海。

>> Look | 33

绝色四川

> 寻一处极佳的观景台,极目远眺,雪山仿佛一个无比壮观的天然石雕公园。

　　由于地处高原,亚丁的冬季漫长且寒冷,大地冰封雪锁,一片沉寂。稻城春季来临时,天空渐渐变蓝,几缕炊烟从沉寂的山谷中冉冉升起,亚丁睁开沉醉了几个月的睡眼,在短短的几个月里展示它所有的色彩和景象:晨曦中宁静的小河,伴随着晨风轻唱,缓缓流去;碧玉般的绿野上,妩媚的花朵俏皮地飞舞在山间。所有的生命都竞相表现自己,哪怕是时而的冷风细雨,也阻挡不了满城弥漫的春色。亚丁成了一个十足的、没有烦恼和忧愁的世外桃源。

　　在亚丁藏族聚居区,雪山是异常神圣的,是众生朝圣积德的圣地。稻城神峰由三座雪峰组成,相传峰名为五世达赖喇嘛所封,依次是象征观音菩萨的北峰仙乃日,代表金刚手菩萨的东峰夏诺多吉和意为文殊菩萨的南峰央迈勇。稻城神峰雄奇壮丽,终年白雪皑皑,高峻而益显巍峨,挺拔却不失俊俏。山腰的五色海七彩斑斓,幻化无穷,像一位端坐云霓普度众生的仙子,藏族群众视之为神山,前来朝拜者络绎不绝。沿山有一条悠长罕见的山路,穿越尘嚣向天空延伸,狭窄的小路因为朝圣者的脚印而变得宽阔。一个个虔诚无比的朝拜者,一边念六字真言,一边双手合十,一步一个真印迹地叩拜。他们来自四面八

方，被夕阳拉长的身影真实而又缥缈，不辞艰难地跋涉，只为双脚能够踏上这块圣洁之地。

正对仙乃日和夏诺多吉两座神山的是著名的冲古寺，藏语意为"填湖造寺"。冲古寺始建于明代，一日之内早晚景色不同，是稻城县唯一的尼姑喇嘛寺。古寺年久失修，却端端正正地屹立山头，庞大的废墟透露昔日的盛世香火。日出朝霞笼盖，日落则余晖满寺，历经无数个四季更替，冲古寺依旧神圣无比，就连断垣残墙也散发出虔诚的气息。寺庙周围的山坡上遍植五色杜鹃，花开时节绚烂夺目。深夜，皓月当空，冰山无言，冲古寺的景致尤为动人：五色经幡迎风猎猎而动；呢喃不断的诵经声清澈悦耳，宛若天籁之音，日日为虔

▼ 秋天的亚丁好像瘦了，好像在思念。

▼ 当10月的初霜降临在亚丁的高山云霓，云雾缭绕的神山也换上了圣洁的外衣。

>> Look | 35

诚的人们祈求祝福。

　　与冲古寺为邻的是一潭方圆不过百米的碧水——卓玛拥措，又名渡姆湖，藏语意为"仙女湖"。湖水多来自高耸的仙乃日雪峰，淙淙流水一路蜿蜒，汇入湖中。水色翠绿如玉，清澈见底，明亮犹如一面镜子。

　　冲古寺不远处是辽阔的冲古草坪，主要由草地、森林、小溪和玛尼堆组成。弯弯曲曲的贡嘎银沟，像是散开的丝绸，从草坪的一端流向另一端，然后收敛成溪，继续南下。草坪散落着各种野花，红的娇艳、黄的明丽、绿的柔和，漫山遍野、五彩缤纷。草坪上远端是一片墨绿色的原始森林，苍郁滴翠，黛青色的杉树和松树是主要植物，整齐的树林在雪峰的映衬下具有剪影一样的效果。红草滩位于离稻城不远的桑堆镇，因为它的特别而出名：它仅在每年的秋季出现，只美丽短短的十几天，而后便消失无踪。特别的稻城红草滩配上周围黄绿的草场，还有山峦间的蓝天白云，风景绝美。

▲感受亚丁浓浓的秋意，纵然是秋的凉，也依旧在灿烂的日子里，氤氲出光彩来。

　　丰腴的草场、绵延的山脉、清澈的溪流，这片神奇的土地养育了一个同样神奇的民族。康巴人生性平和单纯，他们世代信奉佛教，崇尚自然，一如他们脚下的大地和头顶的天空，纯朴善良。康巴人是真正的大自然之子，不论是服装衣饰、建筑色彩还是语言习俗、舞蹈歌声，一切都是取之于自然，归依于自然。他们的生活与纯净的大自然融为一体，不管生存环境如何恶劣，生活遭遇怎样艰辛，他们始终坚信明天的太阳一定会从东方升起。这是一种乐观朴实的信念。他们信奉人神同在，天人合一。

　　这就是随处可见的稻城康巴人，他们拥有草原一样宽阔的胸膛，却始终保持着一颗海子般清澈纯净的心灵，用善意的微笑欢迎远方的客人。把原生态的自然资源和民族文化融合为一体，才有了今天这片如香格里拉一样纯美的净土——稻城亚丁。

Hailuogou

海螺沟，流云冰瀑映红石

　　斜阳细雨，大冰川用红石垂落了月光；杜鹃红叶，草海子总氤氲着雪域的缱绻；茶马流香，飞瀑之上流转着原始森林的苍翠；流云放歌，雾海之中常蒸腾着眷恋。邂逅海螺，方知，人间确有遗世净土、悠悠桃源。

　　海螺沟，位处四川省甘孜藏族自治州东南，青藏高原与四川盆地的过渡地带，康定、泸定、九龙、石棉四县交界之处，幅员906平方千米，由海螺沟、磨子沟、燕子沟、雅家梗、磨西台地、南门关沟6个风景区组成，旖旎多姿，风景如画，盛名遐迩。

冰森舞翩跹

　　一处山花，一种烂漫；一处山水，一种风情。踩着暖暖的阳光，邂逅海螺沟，

▼晨光初现，太阳将第一抹淡淡的阳光洒向人间。

▼清晨的红石滩清幽静谧，森林环抱中的溪流与两岸的山林相映成趣。

Chapter 1 ● 雄奇险秀——天下山水在于蜀

▲ 寂静山涧，匆匆溪水湿润了红茵石，涓涓细流，灼灼其华。

为的不外乎是邂逅那一种不一样的烂漫、不一般的风情。

巍巍的贡嘎山千万年来一直守候着海螺的缱绻，海螺不算太大，却也氤氲着太多的深情与梦幻。

作为中国唯一的一座冰川森林公园，海螺沟有六绝、九奇、十八景，其中，又以雪域冰川、冰瀑温泉、原始森林，最唯美，也最绚烂。

海螺沟是同纬度世界上规模最大、景色最瑰丽的一座低海拔现代海洋性冰川。沟内，群山环围，绿树苍翠，冰川风情处处，有五彩斑斓的冰碛湖，挺拔奇秀的角峰，凝固着幽蓝的冰河，神奇玄秘的冰洞，还有巨大的冰瀑布。

磅礴的冰瀑，宽1100米，高1080米，就仿佛一道从蓝天上垂挂下来的银河，虽然没有飞珠溅玉的妩媚，但玉珠挂帘、横空飞虹，更别有一番壮丽。阳光微醺的时候，冰瀑之上，点点金色的斑点铺展着烂漫，更加美轮美奂。

冰瀑旁、冰河畔，成片成片的原

▲ 伫足于海拔较低处，便能望见冰川从高峻的峡谷铺泻而下，气势非凡，形态万千。

始森林用自身的葱茏在梦幻般的洁白中逶迤出了一道道秀美的林带，林中，有春日里独自坚守着一点热烈的连香树，有对木兰花情有独钟的小猕猴、有活泼的黄松鼠、有羽毛斑斓绚丽的不知名猛禽、有充满了亚热带风情的绿藤萝，也有张扬着寒带风情的冷杉，沿着步道一路向前，目光流转间，竟能将热带到寒带，不同纬度、不同海拔的森林风情一一领略。

累了，倦了，仰首望天，蓝蓝的天空映着远处皑皑的雪峰，皑皑的雪峰映着葱葱郁郁的绿树，绿树之间隐隐能听到流水潺潺，委实令人迷恋。若是雨后或雪后初晴时，或许还能看到云海之上那一弯浅浅淡淡的彩虹，或者大冰瀑半腰处那唯有造化之神奇才能具现而出的威风凛凛……

当然，不是所有人都有幸能见到彩虹，不过，无法邂逅传说中的狼图腾和佛光彩虹也没关系，冰川中，还有着许许多多的奇景等着我们邂逅，譬如海子，譬如温泉。

飞雪映流泉

海螺沟的原始森林中，各色各样、大小不一的海子如繁星般星罗棋布，黑海子的平静无澜，绿海子的温婉秀丽，大海子的波涛澎湃，海螺的水常用自己的方式演绎着别样的烂漫，而这其中，最独树一帜的还要属草海子。

草海子位处海拔2850米的群山高处，千年来一直默默地将冰川和雨林守候，它的面积不算大，只有5000平方米，湖水澄净碧绿，仿佛一面镶嵌在翡翠镜框中的绿镜子。湖中，一米多高的豆腐草摇曳着风的情怀；湖畔，冷杉和麦吊衫则用挺拔的身姿演绎着另一种水上迷情。尤其是秋日，褪去青葱的林木渐渐被红与黄点染，深深浅浅、浓浓淡淡，层次分明却又浑融在一起的红、黄、绿与天空的蓝、雪山的白、日光的金一起被绘入海子宁静的涟漪中，那般美景，委实难以言喻。

除了海子，海螺沟中还有许多能将世界带入永恒温暖中的温泉，温泉品质不一，热泉、冷泉、沸泉等不一而足。初冬时节，飞雪飘落的日子，找一处风情雅致的露天温泉，疏懒地躺在其中，看天边云卷云舒，看远处素裹银妆，看近处琼楼玉宇，看漫天素雪飞扬，那种冰与火在汤泉中交错的感觉，足以让人迷醉。

>> Look | 39

红石卷纤云

人常说，云是天上的水，水是人间的云。云与水，亘古相依，总是那样相得益彰。

海螺的水美，飞瀑流觞，温泉绚烂着雪峰。云，则更美。

海螺的云，就像是高悬在悬崖峭壁、连绵雪峰间的流水，时而缠缠绵绵，时而奔涌咆哮，时而潺潺淙淙，时而急湍奔流，云雾漫山时，山恍然若仙境；薄云淡淡时，冰川绿树藏在云中，更平添一种犹抱琵琶半遮面的朦胧之美。

仰首观流云，不经意间，便陷入了缥缈的幻梦之中，待得梦想，豁然回眸，却才发现，流云竟已染上了一层瑰丽的红，坠入凡尘，那是——红石。

海螺沟内，纵横分布着大面积的红石滩，成堆成堆的红石仿佛一道道蜿蜒的红溪，伴着清冽的溪水，咆哮的河川，一起流动、一起奔腾、一起杳然东去。水、石、云蔚然相映，意趣天成。也难怪每一个邂逅过海螺沟的人，即便是多年之后，依然难以忘记这水云之间最天然的唯美。

▲ 在海螺沟所在的甘孜藏族自治州境内，广阔无垠的高原大地，养育了众多藏族儿女。多彩的服饰，象征图腾的经幡，动人的歌舞，浓郁的"康巴风情"与这里的山山水水完美地融合在一起。

彝歌述芳菲

如果说，青山秀水、冰瀑流泉是大自然给予海螺沟的馈赠，那么绚烂多彩的文化传承便是海螺人自己谱写的绝世清歌。

海螺沟，是一片多民族聚居的广袤热土，汉、彝、藏、白、蒙等民族在悠悠岁月中一起演绎着一段段的传说、一曲曲的传奇。在这片土地上，红色文化、康巴文化、藏族文化、彝族文化等纵横交织，漫步其间，总忍不住为这多元的文化风情所沉醉。

康巴的汉子常洋溢着粗犷的藏地浓情，载歌载舞之间，冬不拉的弦歌歌咏着的是红色的烂漫。

强渡大渡河、飞夺泸定桥，海螺地区，有着太多

▲ 海螺沟营地里的木屋

太多的革命传承。在那烽火连天的岁月里，这里，也有过可歌可泣的故事，出过热血照天的英雄。走在海螺沟的街头巷陌，处处都能嗅到红色的气息、品到红色的味道。

另外，海螺沟还是茶马古道的必经之处，贡嘎雪峰下千年来都有淡淡的茶香氤氲，灿烂多彩的文化炫人眼目。而且，海螺是藏区，藏传佛教源远流长，民间香火向来鼎盛，海螺沟的四面佛、洞嘎寺，也常引得无数游者驻足。

木兰花开，冰峰染蓝，飞瀑烂漫着红石，爱上海螺，从来都不需要理由。或许，一千个人眼中有一千种唯美，但无论如何，若世间真的有净土，人间果然有桃源，那这桃源，必然是海螺，毋庸置疑！

达人分享

海螺沟的美，毋庸多言，观雪山、赏冰瀑、鉴红石、看流云、游森林、泡温泉都是邂逅海螺一定要做的事，但在这之前，有些事一定要注意：

1. 海螺沟是高海拔地区，部分人可能会有高原反应，相关的药品一定要随身携带。
2. 海螺沟昼夜温差大、日照强烈，要带好足够厚实的衣物，还要注意防晒。
3. 在海螺沟泡温泉，下到温泉里之前，一定要先把身上所有金属饰品都摘掉，以免饰品被硫化。
4. 自驾去海螺沟，若是冬季，要注意道路凝冰，其他季节也要注意防滑，小心谨慎。

Chapter 1 ● 雄奇险秀——天下山水在于蜀

▲ 泸沽湖风光

泸沽湖，徜徉在摩梭的水云中

Luguhu

"水色清寒山色奇，空蒙一度暗香里。"

"芦花飞雪秋思尽，多少斜阳话摩梭。"

泸沽湖，千百年来，不知道凝聚了多少旖旎与幻梦，山水清婉，俨然如诗。

泸沽湖，位处川滇交界地，为四川省盐源县泸沽湖镇和云南省宁蒗县永宁乡共辖。多年前，泸沽湖还不叫泸沽湖，而叫鲁窟海子的时候，便已是川滇闻名遐迩的胜景。

它是中国最深的淡水湖泊之一，海拔2685米，湖畔青山如幕，岸转婀娜，沙滩、海湾、半岛相映成趣，"高山明珠"之美，绝于尘寰。

静水歌琉璃，泸沽话迷离

邂逅川滇，与其眷眷于九寨的柔情、徜徉于香格

▲ 泸沽湖四周被青山环抱，湖岸曲折多弯，洲湾堤岛，逶迤伸展。

里拉的幻梦，倒不如趁着秋叶烂漫、夏木如歌，到泸沽湖畔去偶遇一场天青色的烟雨。

　　泸沽湖是高山湖，湖水幽深，水光明澈。风和日丽的午后，踩着细细软软的沙，漫步湖畔，琉璃色的湖水映着远山的黛色，五色的山花氤氲着艳阳，细细的浪涛和着风，将半岛金色的繁华转变为粉色的幻梦。夕阳曼舞的黄昏，万家灯火斑驳，渔船畔，萤光点点，无声地沉落着夜色，别添风致。

　　细雨迷蒙的春日，撑一支长篙，湛若琉璃的湖面被雨滴打出一个又一个细细的小漩涡，漩涡不大，却以一种匪夷所思的奇幻方式激滟成一片，千点万点，虽非色彩斑斓，却又独有几分淡雅的风韵。

　　流炎若火的夏日，天青色的烟雨不复朦胧，雨后初晴时，一弯浅浅淡淡的虹却与烂漫的花海、葱茏的茂木、澄碧的蓝天、彩裙的女孩一起交织成了另一幅精致明媚的画卷。

　　鸿雁南飞的秋日，黄叶打着旋轻轻地飘落，落到山间，落到湖畔，落到谷地，落到村落，滴落了一湖的澄蓝，却又在水光中激滟出了一片层层叠叠的红，浓浓淡淡，绯红火赤，却同样绝美如画。

　　童话初临的冬日，湖上清波依旧迷离，岸边绿树却已将素色的冰花婀娜，泸沽三岛上此起彼伏的渔歌则成了雪国冰天最亮丽的风景。

　　泸沽湖湖岸曲折，沿岸有17处树影婆娑、水清沙白的沙滩，14个或狭窄、或轩阔的湖湾，还有5个岛屿。其中被誉为"蓬莱三岛"的谢瓦俄岛、里格岛和里务比岛，风光尤其秀美。谢瓦俄岛是蛇的乐土，岛上葱葱郁郁，野趣十足；里务比岛上曲径通幽，林深不知处，有白塔耸峙，山寺流霞；里格岛背倚神山，有青松争渡、有桃李竞艳，风光绮丽异常。

格姆说桑麻，女神多烂漫

　　泸沽湖畔最高、最奇秀的山，是格姆女神山。

　　女神山不是特别高，三千七百多米的海拔，在群山云集、万峰竞秀的川滇一带，委实有些差强人意，但在泸沽湖周边，却的确算得上是"高人一等"了。

　　格姆，在摩梭语中意为狮子，格姆女神山，也称狮子山，但漫步在幽静的山路上，看着四时芳菲，心中徜徉的却绝不是雄狮的高标，而是一种温婉宁静的秀美，一如女神。

　　格姆女神山，因格姆女神洞而闻名遐迩。

　　女神洞邻近女神山的山巅，面向泸沽湖，洞内五彩斑斓的钟乳石在幽暗的灯光下越发显得光怪陆离，沿着被青苔点染的石头阶向上，略微走走，便能看到嶙峋的岩石上或端坐、或静立、或微笑、或凝肃的一尊尊"女神"，女神们有的端庄、有的清丽、有的妖娆、有的狂野，各具风姿，却同样迷人。

　　格姆女神是摩梭人的信仰，每年，来女神山朝拜的摩梭人络绎不绝，转山节期间，撒五谷、转经幡、转山、献供品等活动丰富多彩，充满摩梭风情，更令人眼前一亮。

草海芦花香，阿夏走婚桥

摩梭是一首诗，也是泸沽最美的组成。

或徒步、或骑行、或拼车，环绕泸沽湖一圈，那莹白、金黄、碧绿交织而成的草海格外的耀人眼目。

草海，位处泸沽湖东，湖水清浅，湖中长满了芦苇，芦花飘落的时节，金黄的芦苇在风中摇曳，芦花散落在碧绿的芳草间，迤逦在蓊郁的丛林间，飞扬而明媚。草海之上，有一座三百多米长的木质长桥，这是走婚桥。

漫步走婚桥上，足尖总能邂逅日光，碎碎的、暖暖的光照在芦苇丛生的湖面上，照在对面女孩素白的长筒裙与娇俏的脸颜上，不经意间，便已令人迷醉。

草海附近，有许多摩梭人的村寨，氤氲着圆木清香的木楞屋，朴实无华却盈满了粉色浪漫的摩梭花楼，洋溢着摩梭风情的祖母屋，永远都是村寨中最美的风景。另外，村寨中还有诸多风情别

❶ 盛开的花儿
❷ 停泊的木船
❸ 湖中小岛
❹ 红嘴鸥

▲ 泸沽湖的傍晚格外温柔，让人依恋。

样的客栈、精品店、特产店、美食屋，黄昏细雨时，撑一柄油纸伞，步入这摩梭的风物袅娜中，却也不错。

摩梭人是一个古老的民族，有着许多神秘悠远的古俗。

摩梭人崇尚黑色，认为黑色是包容万物的色彩。

摩梭人崇尚自然，泸沽圣湖，格姆圣山承载着他们心中太多的虔诚。

同样的，摩梭也是一个崇尚"达布"的母系氏族部落，是东方的女儿国。

在摩梭人中，女性的地位十分尊贵，血缘的沿袭、财产的继承也以母系关系为准。

摩梭人崇尚"女不嫁，男不娶"的古老走婚制度，聚散随缘，每一个走婚的男子在邂逅女子的花楼前，都要经过走婚桥，所以，走婚桥，又被视为泸沽湖的爱情圣地。相恋中的阿夏和阿妹最期待的永远都不是海誓山盟，而是走婚桥那千年不泯的甜蜜祝福。

当然，除了走婚，摩梭还有许多奇异的风俗。摩梭人爱唱歌，爱舞蹈，阿哈巴拉的动人情歌，出水芙蓉般的摩梭姑娘，在熊熊篝火的映衬下，不知道牵动了多少男子的幻梦。

泸沽湖畔的摩梭村庄，每晚都会举行篝火晚会，吃烤乳猪，喝咣当酒，和心爱的女孩一起唱响《花楼恋歌》，这，才是最真实的摩梭。

徜徉在摩梭的水云中，行走在泸沽的烟雨里，看草海芦苇花开，观湖上悠悠格姆，人间天上，醉美不过如是……

达人分享

相传，泸沽湖是女神滴落在人间的泪水，纯美而凄婉。环游泸沽湖，体味摩梭风情，自是美事，但享受美好的同时，我们还需注意：

1. 泸沽湖虽然处于川滇交界处，气候温暖，但因为海拔较高，阴雨天温度会骤然降低，所以，不管何时邂逅泸沽湖，一两件保暖的衣物都是必备的。

2. 泸沽湖是摩梭人的水源地，所以，禁止在湖中沐浴、洗衣，游泳也不可以。

3. 摩梭人实行走婚制度，以母为尊，没有严格意义上的父亲，所以，不要询问任何一个摩梭人的父亲是谁，这会被视为一种冒犯。

>>Look | 45

▲ 木格措四周被群山、森林、草原环抱。　　▲ 午后微风拂面时，站在草原上，遥望如诗如画的远方，群山沉寂，碧海静谧。

Mugecuo

木格措，情歌唱响的地方

"跑马溜溜的山上，一朵溜溜的云哟；端端溜溜地照在，康定溜溜的城哟……"一首《康定情歌》，唱响了康定太多的绝美与甜蜜。

康定，是一座高原古城，历史悠久，文化灿烂，既是情歌故里，又是茶马重镇，朱镕基总理曾盛赞这里是"海外仙山，蓬莱圣地"。

确实，康定是极美的，美得惊艳。

跑马山巅，斑斓的五色海装饰着康定的浪漫；新都桥镇，错落的光影、三五的牛羊、茵茵的碧草、金色的胡杨点缀着康定的飒爽；折多山上，千年的冰雪咆哮着岁月的苍莽，巉岩峭壁间，总有一种独属于康定的粗犷与圣洁回荡……

但其实，康定最美的地方，从不是跑马山，从不是折多山，更不是被誉为"摄影师天堂"的新都桥，而是木格措。

"小九寨"中多迷情

木格措风景区，位处贡嘎山中段，四川省康定市雅拉乡境内，是国家4A级风景区，总面积350平方千米，由木格措、七色海、芳草坪、瑶池沸泉、红海草原、杜鹃峡等多个天然景区组成，风光秀丽，多彩如画，而木格措，无疑便是其中最钟灵毓秀之地。

木格措是藏语，意为野人海，又名大海子，海拔3700米，是川西北地区最大的高山湖泊，素有"小九寨"之称，湖光山色无尽，俨然桃源。

熟悉木格措的人都知道，用无尽的色彩在四季、四时的调色板上将诗和远方勾勒才是她的最爱。

一日四时景，早晚不同天，春秋多变化，冬夏不同风，可不是随便说说的。随着时间、气候、天气的变化，木格措的风景的确会如万花筒的光影般自然流转。

初晨，阳光最温醇的时候，湖面上雾气敛乃，如银龙般翻滚的雾气与碧空中变幻莫测的流云相映，与遥远处一片黛色的青山相承，奇美异常；云开雾散之后，木格措便直接陷入了金色的幻梦之中，宁静的湖面上，纵便倒影万千，却也难以泯灭那艳艳阳光成就的堂皇；午后，碧水在微风中潋滟，粼粼的波光倾诉着多彩的甜蜜，各种色彩在湖面上游刃有余地交织流转，美轮美奂；夕阳西下，残阳斜照，水色映着山光，却颇有些半江瑟瑟半江红的意境。尤其是深秋时节，红叶漫山的时候，秋水、夕阳、残照更是浑然天成。那种略带些沧桑的美与春花烂漫时的秀美、夏木葱茏时的盛美、冬雪莹白时的静美又迥然不同。

木格措的四季，风光旖旎，但最美的还是在冬夏。

花开半夏时，阳光暖得仿佛要将人化开，午后，静静地屹立在木格措湖畔的沙滩上，垂首，澎湃的湖水流动着细沙，砂砾如珠玉，流溢着点点碎金色的光芒；仰望，万里晴空如洗，澄净的蓝天仿佛是湖水在天空的倒影；侧看，一只积淀着千年山石灵秀的"卧虎"正咆哮苍穹，一只悠闲的"犀牛"则悠闲地晒着日光；遥望，烟笼雾绕的雪峰绽放着永恒的冰蓝，缥缈得就仿佛在天涯海角。

冬日，瑞雪纷飞的日子，木格措温柔的水波瞬间静止成凝厚的冰层，遥遥望去，就像是一面流溢着梦幻般的银色光芒、正对蓝天的宝镜，在周围琼枝玉树、皑皑霜雪的映衬下，倍显圣洁。

芳草茵茵碧连天

如果说，"小九寨"木格措是一首热烈缠绵的情歌，奔放旷达，那红海草原与芳草坪就是两首温柔缱绻的小诗，虽不热情，却很隽永。

红海草原，顾名思义，因红海而得名。当然，此红海非彼红海。木格措的红海只是一片静谧的小湖泊，湖水清澈、湖畔芳草茵茵，摇曳的绿色仿佛要一直延伸到天际。阳春时节，格桑花盛放的日子，牵着一匹小马，和心爱的人一起漫步在草原间，委实是一件浪漫的事情。

▲ 荡漾在木格措宁静的湖泊中，找寻一种隐逸之感。

比起红海草原，芳草坪似乎更妩媚、更娇艳一些。群山密林之间，一块用草编织的彩色画卷以一种独特的方式徐徐地在游客面前铺展，红的、黄的、蓝的、紫的、橙的，各色知名或不知名的山花同时笑着烂漫，艺人轻轻拉着胡琴，伴着琴声，一身骑装的藏族女孩扬鞭跃马，驰骋而去，那飒爽的背影、银铃般的笑声，瞬间便让人心中所有的甜蜜与梦想无限蔓延……

倦了，累了，跳下马背，大大咧咧地坐在草地上，晒晒日光，听听风声、水声、马嘶声，萦着花香，酣然入睡；或是喝一碗马奶酒，披上哈达，弹着冬不拉，为那"溜溜的妹子/汉子"高歌一曲，其实也是个不错的选择。

七色海畔明月光

芳草耀碧空，七色明月光，其实，在木格措，最浪漫、最旖旎的地方，永远都是七色海。

七色海是一个高山湖，湖水清冽明透，随着阳光的变幻，湖水的颜色也会随之在棕黄、碧绿、青蓝、橙红、幽紫、浅粉等不同的色彩之间流转，奇幻异常，七色海之名也由此而来。

七色海畔，有芳菲的草甸、有茂密的丛林、有青

达人分享

邂逅木格措，小伙伴们应该注意：
1. 最佳游玩时间为5～10月，建议自驾。
2. 昼夜温差大，山上气候多变，注意防雨保暖。
3. 景区山高林密，严禁烟火。

松流泉，也有奇峰怪石，湖对岸的驼峰，千百年来一直挺拔着那沉厚的脊梁；湖左的莲花山，在雨雾朦胧、一线阳光穿云而出时，映着碧空，真如菩萨座下的莲花台，圣洁而神秘……

七色海最美的时光在晚上。

繁星点点，弯月如钩时，如水的月光如银丝般轻轻地垂落在半月形的湖面上，湖中有月，月下有湖，天上月，湖中月，人间月，交相辉映，迷蒙奇美，那般盛景，非倾城绝艳所能形容。

彼时，牵着爱人的手，一起默默地站在湖边，无须多言，自然便有一种"月亮弯弯，看上溜溜的她哟……月亮弯弯，任我溜溜地求哟……"的幸福弥漫。

当然，一万个人有一万种浪漫，一千个人有一千种幸福的定义。静赏明月是一种浪漫；扁舟一叶、并肩御风、漫溯七色海是一种浪漫；在融融月色下，伴清风、拥佳人、共浴温泉，同样是一种浪漫。

七色海本就是一处冷泉与温泉交融的共生湖，湖底泉眼飞珠溅玉，温度高达67°C，在湖水中，享受一下戏水之乐，也委实绝妙。不过，七色海水深有20多米，若非水中高手，还是不建议下水尝试。若要泡温泉，七色海畔的药池沸泉其实才是最佳选择。

温泉水滑浴杜鹃

药池沸泉毗邻七色海，与七色海仅相距3000米，药池附近，仅泉眼就有二十余处，泉水多清冽，泉中富含许多

▲ 清晨，银龙般的云雾在水面上空翻卷，水天一色，寒光隐现。

对人体有益的微量元素，是天然浓矿泉，泡一泡，除劳解乏，健体强身。

不同的沸泉，含有的矿物质不同，疗疾祛病的效果也不同，明目泉的泉水能疗目疾，健胃泉的水煮出来的豆花蛋更是当地一绝。沸泉旁的药池山寨，古色古香、山野风情浓厚，也值得观赏。

泡过温泉之后，漫步林间小径，不知不觉便已到了杜鹃峡。

杜鹃峡长8000米，峡内不仅有夺造化之功的叠瀑景观，壮美宏丽，还有一片片绚烂的杜鹃花海。春夏季，山崖边、峡谷内，杜鹃蔚然成林，千姿百态，美不胜收。

来吧，来木格措吧，在月光垂落的日子，与野人海相约，在药泉旁送给他（她）一束火红的杜鹃花，这才是最美的爱情宣言。

Chapter 1 ● 雄奇险秀——天下山水在于蜀

>> Look | 49

绝色四川

Xilingxueshan

西岭雪山，云海上的冬日恋歌

"窗含西岭千秋雪，门泊东吴万里船。"

不到西岭，你永远都不会知道，原来，雪也可以被演绎得如此酣畅淋漓，如此倾城绝艳。

西岭雪山，位处成都以西大邑县西岭镇，总面积483平方千米，国家4A级风景名胜区，向来闻名遐迩。

邂逅西岭，四季皆宜。春日，阳光融融，杜鹃花烂漫着日光；夏日，碧树葱

❶ 正在消融的冰川
❷ 清晨的第一缕阳光
❸ 初雪降临
❹ 航拍下的西岭雪山

Look >>

▲ 入冬后的景区如银装素裹，紫色的房屋，狭长的小路，别有一番风情。

茏，知了声声惊了霓虹；秋日，雪山红叶，层林尽染，云朵上交织着炫目的斑斓；冬日，千里冰封，万里雪飘，初雪飘落时，总氤氲着幸福的味道。

冰瀑雪峰多唯美

西岭雪山，以雪闻名，以雪遐迩，最美的自然还是雪景。

当深秋的清寒与金红的阳光在云海之上相遇，西岭的初雪便已翩跹而落。

秋末冬初，邂逅蓉城，登临西岭，看着一点点的莹白在漫山的金色之中晕开，看着一层层的粉雪将红叶点染，看着那火中萦白、白中点翠的盛景，看着那纷纷扬扬、缓缓蔓延开来的唯美，的确是一件很浪漫的事情。

赏雪的最好方式，是雪中徒步。

一路走，一路观景，慢一些没什么关系，毕竟，最好的时光，总在路上，有些美景，若非在路上，极难遇到，譬如五彩瀑。

西岭雪山主峰海拔5353米，为蓉城第一峰，终年积雪。天气晴好的日子，远远望去，纤尘不染的白色中总萦绕着一抹冰蓝；近观，剔透中却又别有一番五彩斑斓，那是五彩瀑。

五彩瀑位处西岭雪山半山腰，海拔一千七百多米，距离獐子崖不远，高达数十上百米的花岗岩嶙峋而立，褐红色的岩石间，层层水花呈羽状缓缓洒开，赤岩白水，美轮美奂。金乌西垂时，金红的阳光照耀着水面，朦胧的水雾间可见彩虹迤逦，非常漂亮。

当然，五彩瀑最美的时候还是冬

>> Look | 51

绝色四川

日。潺潺淙淙的流水在半空中凝固成冰瀑，绝美的冰蓝下似乎仍能听到悠悠的水声，仰头望去，壁立千仞、瀑布横空，壮观而奇美。

佛光普惠照金山

沿着五彩瀑，一路向上，粉雪用它的柔情装点出了一片粉白的世界，绵绵延延，一路如画。

迤逦而上，眼前，又现出一片如玉的葱茏。

站在日月坪山，远远望去，云蒸霞蔚，袅袅的云雾萦绕着远处的雪峰峰巅，蓝白金三色相映，一片旖旎。

夕阳沉落，新月初升时，若是有幸，可以看到日月交辉的奇景，雪峰翠林，月华日晖，极是炫目。

月至中天时，墨蓝色的天空中繁星点点，缕缕银辉洒下，日月坪畔氤氲着原始自然气息的森林中不知不觉间便有"佛光"溢出，柔和的佛光，流转着最宁和的淡金色，映衬着远山的雪，近野的绿，梦幻而绮丽。这就是西岭最著名的森林佛光。

沐浴过佛光，一夜无眠，初晨时分，站在坪上，还能一览日出时的气象万千。

金红的色彩，自地平线上如水波般缓缓铺开、漫延、潋滟。

仿佛是瞬间，又仿佛是永恒，黑暗被黎明撕碎，阳光便已经普照大地。

若是足够幸运，还能一睹日照金山的奇景。

西岭雪山航拍图

金色的日光轻轻地铺洒在雪峰上，莹白被融化，冰蓝一点点地消退，剩下的便只有金色，纯粹的金色。

金色的山峰，华彩绚烂，映着艳阳，映着山下的苍翠与淡淡花香，绝美倾城。

熊猫嬉舞分阴阳

除了日月坪、五彩瀑，西岭雪山最钟灵毓秀的地方还有两处，一处是熊猫林，一处是阴阳界。

熊猫林，其实是一片占地数百亩的箭竹林，林中竹叶婆娑、水石相映、野趣天成。春日杜鹃花盛放的时候，更是如一片火海一般，赫赫洋洋，似要惊艳整个世界。夏日，铁杉挺拔着骄阳，更别有一番风韵。秋日，天高云淡，林中红叶如织，备显旖旎；冬日，万木凋零，琼枝玉叶却更添几分天然的风情。尤其是，当你偶然间与隐藏在林木中间、或坐或卧、或嬉戏或进食的大熊猫相遇时，那种惊喜，委实难以言喻。

不过，在西岭，最令人惊喜的其实不是熊猫林，而是白沙岗附近的阴阳界。

▼西岭雪山拥有南国最美的雪景，常言道："春赏杜鹃夏避暑，秋观红叶冬滑雪。"

Chapter 1 ● 雄奇险秀——天下山水在于蜀

>> Look | 53

白沙岗上，沙岩嶙峋，陡峭的岩壁无声地彰显着造化的神秀。岗畔，一峰凌云，直插九霄；峰南，晴空朗朗，一碧万里，湛蓝的苍穹如洗过一般澄净；峰北却云霞蒸腾，白雾缭绕，朦朦胧胧，恍若另一片世界。一线之隔，气候差异巨大，万里晴空与千里浓云泾渭分明，蔚为奇特。

滑雪溜索嗨起来

宁静的西岭，总难泯清华；动感的西岭，却又活力十足。

西岭雪山，不仅风景如画，而且山间运动项目极为丰富，邂逅西岭，便等于预约了一段速度与激情中的冰雪奇缘。

西岭雪山后山山腰，有一片巨大的冰雪娱乐区。

澄净的蓝湖水绚烂着阳光，盛夏时分，带着全家在湖畔滑雪自然其乐融融，但冬季，在湖畔的滑雪场中纵情地驰骋，伴着雪与风，将生命中所有的热

◀ 来西岭雪山，体验这独属于南国冰雪的鬼斧神工。

Chapter 1 ● 雄奇险秀——天下山水在于蜀

的夕阳下，云海与大熊猫正在等待你的凝眸。

或许，西岭雪山并不是最唯美的一道风景，但当初雪慢慢洒落，当日光徐照金山，当五彩冰瀑如诗，当日月坪上佛光流转，当氤氲在白雪中的宁静铺展，那一刻，西岭雪山，注定将倾城绝艳。

情张扬。

除了滑雪，滑雪场中惊险刺激的活动还有许多，比如能让男子汉们尽情释放自身粗犷的雪地越野车、能够让人纵享一把什么叫"命悬一线"的溜索、实现了人们千年飞翔梦的雪地飞伞、速度惊心动魄的雪地摩托、能让人在失重与超重之间"痛并快乐"的现代悠波等。

时光在冰雪中凝固，岁月在五彩间流岚，当碧空成为最美的背景板，暖暖

达人分享

西岭的美超凡绝俗，每一个邂逅西岭雪山的人都希望能在山上享受一段最美好的时光，但出门旅游，还是有许多事情需要注意一下，譬如：

1.徒步登山的游客要注意保暖，上山时衣物要足够厚实，以免受风受寒。另外，虽然西岭是一个相对成熟的景区，但冬季气候严酷，路况一般，为了避免出现意外，登山时最好与相熟的朋友结伴。

2.冬日，山路积雪不化，有时还会有薄薄的冰层，自驾游西岭雪山的小伙伴们开车的时候一定要当心。

3.喜欢拍照的朋友要注意保护好自己的拍照设备，拍照频繁的话，要提前为自己准备一副保暖效果足够好还不妨碍操作的手套。

>> Look | 55

川藏线自驾游全攻略：
我想路过你的全世界

最好的时光总不负流年，最美的风景永远在路上。匆匆两三日，走马观花式的邂逅难免会有遗憾，要真正领略川藏的美丽与绚烂，顺着川藏公路，自驾游全程，其实才是最好的选择。

川藏公路是中国道路史上最伟大的工程之一，以成都为起点，经雅安、康定，在新都桥镇分野，分为南北两线，都以拉萨为终点，风情不同，韵味百般。

南线——中国人的景观大道

川藏公路南线，被称为"中国人的景观大道"。以成都为起点，沿途风光秀美，有高原、有湖泊、有雪山、有森林、有冰川、有江河，壮丽而辽阔，原始而苍莽，几乎会聚了藏区所有的风景与风情。

南线以成都为起点，沿途依次经过新津、雅安、天全、泸定、康定、新都桥、雅江、理塘、稻城、日瓦、亚丁、巴塘、竹巴笼、芒康、左贡、邦达、八宿、然乌、波密、鲁朗、林芝、八一、工布江达、墨竹工卡、达孜，最后到达拉萨。

自驾游南线，最佳时间为暮春、初夏或者早秋。

▲ 海螺沟壮丽的冰川

晶莹的现代冰川从高峻的山谷间铺泻而下，将寂静的山谷装点。

花开半夏时，藏区的清丽难掩；秋高气爽时，藏区更有着别样的妩媚。自驾游的重点是"游"，而不是"赶路"，时间以10天以上为宜。行走在川藏线上，哪怕抬眼即是风景，却仍有一些经典的景致不容错过。

● 四月晴初雨乍晴

一千个人眼中，就有一千种四川，喜好不同，审美不同，愿意驻足、满怀留恋的地方自然也不同，具体怎么走，全凭个人喜好。不过行走在川藏线上，哪怕抬眼即是风景，却仍有一些经典的景致不容错过，譬如泸定桥、海螺沟、跑马山、稻城亚丁、澜沧江峡谷、然乌湖和鲁朗林海。

充满了革命情怀的泸定县是一座红色县城，位处二郎山西麓，汹涌澎湃的大渡河由北至南纵贯泸定全境，河上，泸定桥的13根铁索如飞虹般横掠而过，雄奇而巧致。踩着泸定桥那颇有些沧桑韵味的木板，重走一回红军当年路后，漫溯着大渡河的水波，一路向南，便能

>> Look | 57

到达充满了清末民初风情的磨西古镇，古镇中，最瑰丽的风景便是海螺沟。

海螺沟是一座低海拔的现代海洋性冰川，位处贡嘎雪山东坡，海拔2850米。沟内，崖壁翘立，群山环围，宽有千米的巨大冰瀑仿佛自天际垂挂而下，晶莹剔透，瀑布旁，有险峻的冰山、幽蓝的冰河、奇秀的冰洞、挺拔的冰峰，皆美轮美奂。冰川巨大的冰河深入原始森林中，梦幻般的洁白也随之被点染成一片葱茏的碧绿。海螺沟内，原始森林密布，湖泊星罗，林木与冰川交辉，堪称人间奇景。

北线 ——花开半夏，清丽难掩

和风光旖旎、闻名遐迩的南线不同，北线的知名度并不高，但却更原生态，且洋溢着浓浓的人文风情。资深驴友们最喜欢走的其实还是北线。因为人少、因为刺激、因为更富有挑战性。

从成都出发，进318国道，经泸定、康定后，到新都桥，再转向八美，也可以经汶川、都江堰、映秀、小金、丹巴到八美，之后，再从八美出发，过道孚县、炉霍县、甘孜县、马尼干戈到德格，再从德格经江达、昌都、类乌齐、丁青、巴青、那曲、当雄至拉萨。

● 湖光山色，雄奇险峻

北线途经的大多为牧区，如白云般

散落在草场上的羊群和带着浓浓藏式风情的民居便是沿途最常见也最明媚的风景。在北线，同样有着绵延不尽的雪山，辽远的高山草甸，如碧玉般的湖泊和各种各样的自然风光。

德格县境内的雀儿雪山是四川最险峻的雪山之一，终年积雪，冰川纵横，山顶的新路海明澈斑斓，被誉为"西天瑶池"。那曲与拉萨之间的纳木错湖是藏传佛教圣地，天蓝色的湖水倒映着雪山、繁星、秋叶、夏花，美不胜收。

● 历史悠久，藏风浓郁

除了自然风光，北线还有一些著名的人文景观。

德格印经院，又名德格吉祥聚慧院，占地5000平方米，是一座典型的萨迦派寺院，素有"藏文化大百科全书"之称，院内典藏着许多木刻印版宗教书籍文物、部分佛教雕塑以及噶玛噶则（早期称"噶派"）壁画栩栩如生，艺术气息极为浓厚。

川藏线很美，朝霞漫天的时候，和心爱的人一起自驾在雪山脚下，看花开花落，看牧场经院，无疑更美。当车轮卷起淡淡的青草香，你已经路过了他（她）的全世界……

达人分享：川藏线自驾注意事项

1.川藏线多山路，多隧道，自驾出游最好还是选择越野车。
2.出行前要备好一些必需品：现金、个人证件、感冒药、高反类药物、冲锋衣裤（带绒）、手套、背包、雨伞、墨镜、防晒霜、充电宝、洗漱用品、方便食品等。
3.驾车的司机最好有高原驾车经验。

>>Look | 59

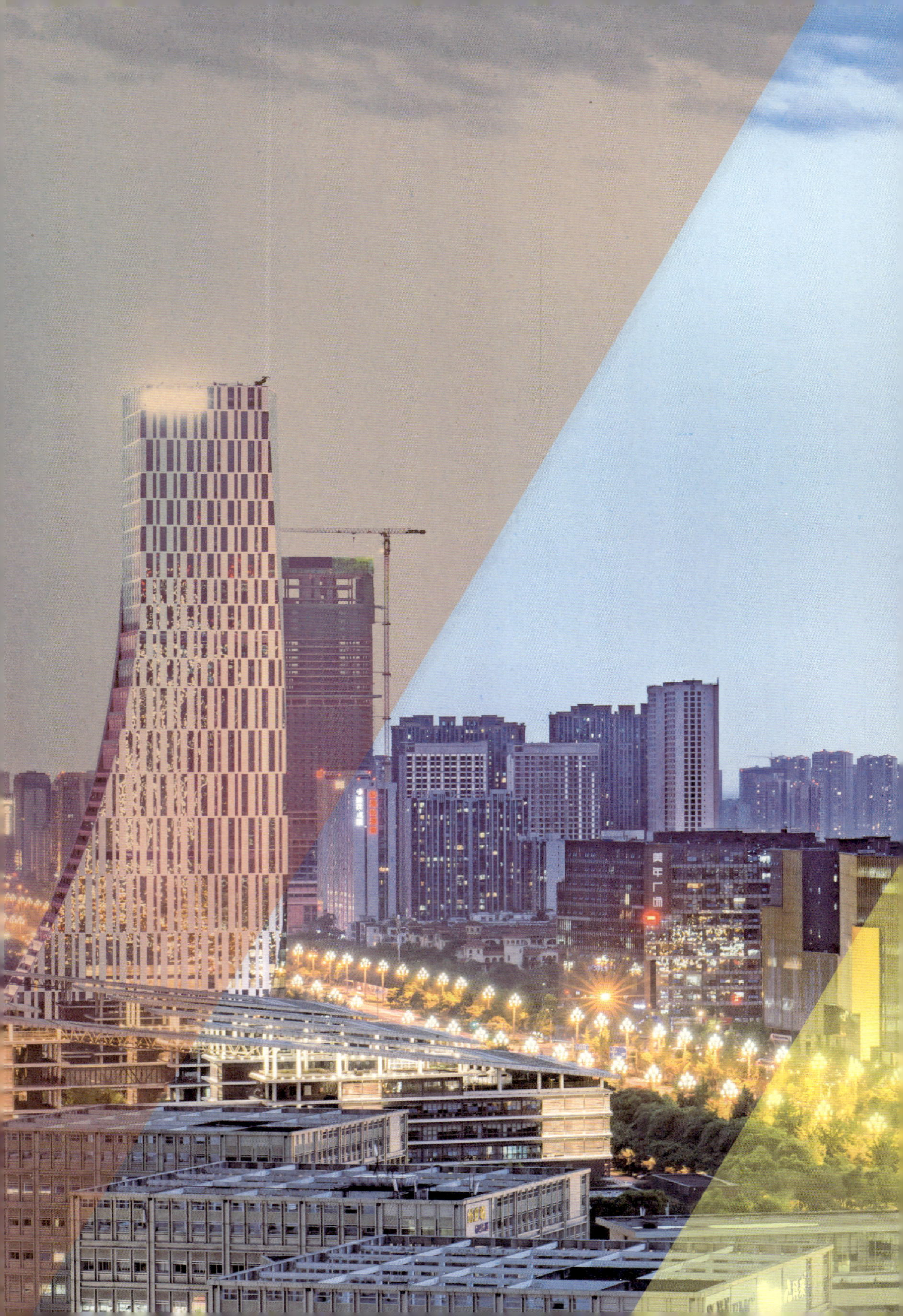

Chapter 2

背起行囊，**云游天府** 绝色风景

▲ 俯瞰繁华的蓉城夜景

Rongcheng

花香蓉城，邂逅那份烟雨情怀

"蓉城"成都，一颗镶嵌在四川盆地里的璀璨明珠，卧躺在岷江中游地段，东界龙泉山脉，西靠邛崃山。市名出自典故周王迁岐，所谓"一年而所居成聚，二年成邑，三年成都"。古为蜀国，秦时并巴、蜀为蜀郡并建城，汉时设锦官管理，故有"锦官城"之称。五代蜀时遍种芙蓉，故有别称"芙蓉城"，另有"天府之国""蜀中江南""蜀中苏杭"等美称。

成都，是古蜀国的发祥地，如今集科技、商贸、金融中心和交通、通信枢纽于

一身。从建城伊始便染上了浓厚的人文气息，甚至还留下了不少英雄人物、文人骚客的身影：浣花溪畔的杜甫草堂沉淀着杜甫一生的坎坷；武侯祠传诵着诸葛武侯"出师未捷身先死，长使英雄泪满襟"的报国豪情……

成都属亚热带季风气候，生物资源非常丰富。珍稀植物有银杏、珙桐等；珍稀动物有大熊猫、小熊猫、金丝猴等；中药材种类繁多，其中川芎、川郁金、乌梅、黄连等蜚声中外。

成都市旅游资源丰富，以秀美的自然风光和丰富多彩的人文景观而著称，市内尤以永陵、青羊宫、武侯祠、杜甫草堂等最具特色。郊区更有不容错过的好地方：原始林海，奇花异草，云海激瀑，日照金山。因"窗含西岭千秋雪，门泊东吴万里船"而得名的西岭雪山；以幽深的山林、幽静的古道、幽香的山花、幽趣的鸟鸣、幽雅的亭阁、幽情的激流、幽邃的岩穴、幽意的楹联为特色，并冠有"青城天下幽"的青城山；规模宏大，布局缜密，结构科学的都江堰；以及山高坡陡、景色秀美、白云如海、雪山连绵、草甸起伏的四姑娘山等。成都周边还有剑门蜀道、九寨沟、峨眉山、长江三峡等驰名景观，成都还是前往西藏的主要中转地。

成都，中国戏剧之乡，早有"蜀戏冠天下"之誉。主剧种是形成于清代的川剧，繁多的剧目、优美的文字，幽默而风趣，表现手法丰富多样。拥有含蓄隽永的特色动作，以及独具特色的伴奏器乐，尤其"变脸""吐火"等绝技更是令人叹为观止。

成都，还是一座民俗文化的天堂。其源远流长的文化历史，影响了几乎所有的成都人，熏陶着成都的现代文明，传承着宝贵的民俗传统。春节的青羊宫灯会，正月黄龙古镇的火龙节，二月十五各大公园的花会，三月龙泉驿桃花会，六月郫县望丛祠赛歌会，八月新都木兰会、桂花会，九月国际熊猫节，十月温江菊花展，十一月金橘节等，令人眼花缭乱。

当然，提起成都，我们还会想到缓慢的生活节奏，令人垂涎的美味小吃和那无处不在的茶铺……

Chapter 2　背起行囊，云游天府绝色风景

▶ 四川成都天府广场的太阳神鸟雕像

>> Look | 63

绝色四川

Dujiangyan

都江堰：拜水都江堰，问道青城山

都江堰渠首傍城，五条河穿城而过，灵岩山矗立于城区，山水、城林、河堰相融。都江堰，宛若一颗璀璨的明珠，静静地闪烁在碧波荡漾的岷江中游，仿佛一道永恒的风景，横亘在巴蜀大地上。

"中国历史上最激动人心的工程不是长城，而是都江堰。"余秋雨曾这样毫无忌言地赞誉。都江堰，位于四川省都江堰市城西，古时因属都安县而名为都安堰，宋元后称都江堰，被誉为"独奇千古"的"镇川之宝"。这座始建于公元前3世纪的大型水利工程，利用江河出山口处的特殊地形、水脉、水势，仅仅用了"深淘滩，低作堰"这六个字，便驯服了大自然最为凶悍的水神，在几千年的光阴里，为旱涝无常的成都平原提供了庇护和濡养。轰鸣汹涌的江水从李冰父子脚下流过。"上善若水，水善利万物而不争"，说的大概就是这位蜀中太守吧。

都江堰水利工程工艺精湛、造型优美、功能显著，是世界上迄今为止使用年限最长、以无坝引水为特征的宏大水利工程，也是我国科技史上的丰碑。整个都江堰水利工程由鱼嘴分水堤、飞沙堰溢洪道、宝瓶口引水口三大主体工程，以及百丈堤、人字堤等附属工程构成。李冰根据

日落时分的都江堰

近观都江堰水利工程鱼嘴

历经几载绘制出的水系图谱，分析水流及地形特点，在坡度较缓处，凿开一道楔形口子——宝瓶口。宝瓶口是内江进水咽喉，宝瓶口的水尺和古水则是内江能够"水旱从人"的关键水利设施。

而都江堰的飞沙堰以杩槎截流导流、卵石护岸、竹笼盛石筑堤，按"遇弯截角，逢正抽心"的准则建成。在精密的计算之下，飞沙堰将岷江一分为二，江水四六分为内江与外江，外江用于泄洪，内江用于灌溉。内江河床比外江稍低，枯水期时，水往低处流，内江水比外江的多，保证灌溉用水量；而当洪水来临时，多余的水量即从外江流出，内江不会发生洪灾。更精巧的是，飞沙堰还利用离心力将岷江水泥沙的八分排向了外江。

通过飞沙堰的排洪排沙功能、宝瓶口的引水和控制进水的作用，都江堰水利工程科学地解决了江水的自动分流、自动排沙、自动排水和引水的难题，起到了"行水灌田，防洪抗灾"的功效，既解决了排淤的问题，又保证了灌溉的水质，成为世界水利工程史上的典范之作。

而从另一个角度来说，都江堰本身就是一个伟大思想的结晶：水能为患，水能为利。它的无坝引水、自流灌溉等体系的完美协调，以不破坏自然资源、充分利用自然资源为人类服务为前提，变害为利，使人、地、水三者高度协调统一，充分展现了古代中国劳动人民朴素的智慧。

"古蜀多水患，成都平原尤甚。"就凭这朴素的智慧，都江堰在两千多年的光阴里，稳稳当当地造福着成都平

绝色四川

▲ 都江堰二王庙前的安澜桥是我国著名的五大古桥之一，它横跨在内江和外江的分水处，是一座名播中外的古索桥。近观那沧桑古朴的桥头，仿佛能够聆听到独属于它的、悠久的传说。

原，成为"天府之国"的富庶之源。时至今日，灌溉面积已逾一千万亩，同时也保证了防洪、灌溉、水运和社会用水综合效益的充分发挥。

正如唐太宗李世民所言："水能载舟，亦能覆舟。"都江堰所代表的水文化特征，展现出深远的历史和现实意义。诸如"二王庙""伏龙观""观景台"等处的人文景观；改建鱼嘴时挖掘出土的东汉李冰石像和"饮水思源"石刻；歌颂李冰父子降龙治水的民间传说和具有宗教色彩的祭祀活动；数不胜数的祭水、祭神、祭人的诗、词、书画等文学作品；甚至还有由此延伸出来的水文学、水文物、水神学……都江堰带着强烈的地域色彩，形成了独具特色的水文化。

千百年来，成都平原沃野千里，"水旱从人，不知饥馑，时无荒年，谓之天府。"当那一江雪浪从岷山脚下飞泻而下，从云端奔来，千万匹无羁无绊的白

66 | Look >>

❶ 远望青城山上仙气妖娆
❷ 都江堰水利工程
❸ 都江堰安静的清晨

鬃烈马忽然被都江堰套上了笼头，编成了队列，左规右矩，听凭调遣，服务于万民。这里仿佛是一个伟大的检阅台，台上有一位伟大的司令官。这个伟大的检阅台就是都江堰，而这个伟大的司令官就是李冰。两千多年来，司令官所用的指挥旗上始终写着：岁岁安澜。

而都江堰作为"成都平原绿色生态屏障"，生态环境绝佳，地形多样，平原、丘陵、低中高山齐备，地形地貌奇特，植被丰富，是岷江上游和成都平原的重要生态屏障。位于龙溪—虹口自然保护区的高山湖泊——龙池，在密密的丛林间，有包括大熊猫、金丝猴、珙桐等的珍稀动植物，被誉为"动物天然乐园""野生植物基因库"。同时，还建有亚洲规模最大的杜鹃专类植物园和苔藓园，是中科院全国生物多样性研究的五大基地之一。

都江堰一带有不少名胜古迹，还有诸多人文景观。作为蜀中的重要通道，它在西蜀文化与藏羌文化之间交汇，形成了独具特色的民族民俗文化。"拜水都江堰，问道青城山"，进入都江堰地界，只见满目青葱，翠山如城，云雾缭绕，一派神奇幽静之状。

与都江堰工程相邻的青城山，自古就是蜀中名山，以"青城天下幽"著称。灵秀山水，不外乎奔腾蜿蜒之水，清秀巍峨之山。都江堰、青城山，一个是人类智慧的伟大创造、一个是造物主的神来之笔，以流水的灵动，蜀山的空幽，体现了自然、生命、和谐的道教哲学。

"明月松间照，清泉石上流。"青城山是中国道教发祥地之一、天师道的祖山祖庭，凝聚了道教文化的精华。"天地与我并生，而万物与我为一"的道家思想体系，以一种顺其自然的超然生死观，追求和谐的至上境界。于是，青城山，更多时候，接受着芸芸众生的游览和瞻仰，以它的灵秀幽静，带着天人之道的凛然，净化了俗世中人们疲惫的心灵。

都江堰以水的轻柔，青城山用山的硬朗，阐释了深邃的道家文化中的"阴阳"与"虚实"之道。山水有道，都江堰人用自己顺天知命的闲适生活态度，诠释了最朴素的生活哲理：大千世界，万事万物，皆循道而生、循道而存。

▲ 青城山月城湖风光

Qingchengshan

青山依旧在——青城山

"拜水都江堰，问道青城山。"这是文人墨客的推崇，还是绝色风光的写照？想当年，张大千举家寓居至此，创作了无数墨笔佳作，更自封"青城客"。回顾五十多年前，当他远渡重洋，在巴西圣保罗画下《青城山全图》时，那份对青城山的喜爱，更是表达到了极致。青城山，一方仙山，惹得无数才子翘首流连。

在四川都江堰西南、成都平原西北，青城山就那样悠然矗立着。它不刁钻、不霸气、不怪异、不做作，所以惹得无数人喜爱。古时候，它被称为"丈人山"，因杜甫曾在一首题为《丈人山》的诗中如是写道："自为青城客，不唾青城地。为爱丈人山，丹梯近幽意。丈人祠西佳气浓，缘云拟住最高峰。扫除白发黄精在，君看他时冰雪容。"但因全年翠绿，加之诸峰环峙，如城池一般，后来

68 | Look >>

更名"青城山"。

一直以来，人们对青城山的喜爱无尚之深，许是因为山中透出的气质，恰似人性中最为难能可贵之处。"剑门之险""峨眉之秀""夔门之雄"，与之齐名的，便是"青城之幽"。古人的句子中，曾记录着"三十六峰""八大洞"与"一百八景"的说法，皆用来形容青城山之奇景。

"幽"是青城山的极致，也是青城山的品相。峰峦、溪谷，皆掩盖在一片苍翠中，低调淡泊之感，更是惹人羡慕。山中的亭台楼阁，全部取景于自然，没有任何加工和雕凿的痕迹，必然成为整齐合一的一部分。"日出""云海""圣灯"是山中三大自然奇观，但凡游者来此，不是为了一寻道宗，便是为了观其奇景。

为何一寻道宗？青城山本是道教名山，更是中国道教的发祥地之一。从东汉至今，历经两千余年。相传，东汉顺帝汉安二年（143），"天师"张陵来此，看到这里的"清幽"之气正如道教的内涵，于是这里便成了道教的发祥地，天师在此传道。而青城山，也因此被道教列为"第五洞天"。时至今日，山上仍然完好地保存着数十座道教宫观。

赤城阁立于青城山脚下，前面是一片广场，而广场的尽头，便是古色古香、飞檐斗拱的山门。单看那气势不凡的门楣，已经让人欣喜不已。

整个青城山分为前山和后山两部分。传说中的"三十六峰"便伫立在后山，以险峻著称。而前山，则是传说中的"幽"。东有丈人峰，西有五洞天。拾阶而上，参天大树映入眼帘。空中满是氤氲的湿气，更显出一份朦胧的美感。到处散发着草绿的清香，让人倍觉神清气爽。这样的"幽"，果然名不虚传。

月城湖是青城山中绝美的一笔秀色，它静静地卧于山坳间，粼粼的波光与岸上碧绿的翠竹，俨然形成一幅俊秀的图画。仿佛是青城山故意捧出一道月城

▲ 通往青城山的盘山公路

　　湖，好像海中大浪护起的一只扇贝，贝中含着璀璨的珍珠。这湖，妩媚妖娆却大气得惊人。更像是一位皇后，处事不惊，因为心中自有定论。

　　乘上缆车，融入林海，满眼的苍翠中，分不清哪是哪，只是依稀觉得，很快便又是更为美丽的景致了。

　　行走在山林间，浑身感觉到舒爽。湿润的新绿中，鸟鸣都更为嘹亮动听。空中似乎要飘落雨滴，而这样的地方，让人不忍心撑伞。"本是同根生"，在青城山，我们为灵魂找到了起源。

　　原来那缆车，是要把人直接揽到山顶。不然就无法到达位于青城第一峰上的

◀ 青城山是中国道教的发源地之一，道教创始人张陵曾来到青城山，他选中青城山的深幽涵碧，结茅传道，青城山遂成为道教发祥地，被道教列为"第五洞天"。

"上清宫"。相传，上清宫建于晋代。宫内供奉着道教始祖李老君的雕像，以及《道德经》的木刻五千言。麻姑池、鸳鸯井，若是有心，这样的景观在一一欣赏之后，脑海中定会融入新的感悟。而上清宫后的老霄顶，便是青城山三奇景的绝佳观赏点。

夏季，每逢雨后天晴夜幕垂落之后，上清宫附近总会见到星光点点，在空中时时飘荡，三五成群，美丽之至，如逢时，星点多至上千，满眼皆是忽明忽暗，整个山谷一片闪烁。传说，这星光点点本是张天师点亮的灯笼，也称为"圣灯"。其实，这本是山中的磷石氧化所产生的自燃现象。

几经辗转来到后山。这里一直以水秀、石怪而闻名。虽然与青城山一脉相承，却是深藏不露。在后山，诸多景观惹人流连。

游走于泰安古镇，遥想当年，从成都入金川的必经之道便在这里。千年古寺泰安寺悠然伫立于古镇中央，而这里的饭店和旅馆，都依稀可见从前客栈的影子。

在五龙沟上，桃花溪如少女般羞涩地涓涓而流。这里，得名于陶渊明的名句——柳暗花明又一村。本是个二十多户农家的小村，却又是登山途中歇息的好地点。在这里，真的仿佛置身世外桃源，一片返璞归真的景象。

无论是神秘的溶洞还是秀丽的味江，或是罕见之至的古墓群，整个后山都让人感慨不枉此行。原来后山是可以与前山相媲美的。

游毕青城山，《道德经》中的只言片语在心头铺展开来。美景无处不在，尤其在面对青城山这样的地方时，更是心有无数悸动，亦无处可逃，此言善矣！如此"清幽"之气，巴不得满身沁染，恨不能寓居其间，此情此景，怎舍得逃呢？

青城山，一曲通幽之径，无限流连！

>>Look | 71

绝色四川

Kuanzhaixiangzi

成都的另一处记忆：**宽窄巷子**

　　宽窄巷子是旧时满城（少城）的一小部分，满城是清代朝廷为驻兵而建的，作为满蒙八旗及家属居住区。历史上的满城，历经了岁月的沧桑洗礼之后，只留下宽巷子和窄巷子，还依稀能见到旧日的古韵遗风。

　　成都这座城市，对于很多人来说，意味着休闲、惬意、舒适、享乐……而随着席卷全球的商业浪潮袭来，街巷之中，曾经舒缓闲适的市井趣味已经被淹没于高楼林立的现代都市之中。然而，在这片旧城里，最成都、最市井的民间文化却得到了保留。

　　开发商的规划书上说，窄巷子的特点是老成都的"慢"生活，而宽巷子则是老成都的"闲"生活。宽与窄，不过是心境使然。摆一局棋、捧一杯盖碗茶、摆摆龙

门阵、逗逗鸟……时光就不知不觉地溜过锦城的日晷。得半日清闲，抵十年尘梦。这大概就是成都人世代相传的生活态度。而宽窄巷子的魅力正在于此，逍遥自在，宽容闲散。外来的背包客们往往在茶馆坐不住，半盏茶的工夫，就会忍不住拿出相机四处拍拍，到处走走。而川人依旧不急不躁嗑着自己的瓜子，我行我素地过着自己的日子。

也许，只有成都人才真正地理解生活的宽与窄——贫与富、苦与乐，不过是为他人作嫁衣，细品人生，大概只有"逍遥"二字最重要吧。

◀ 宽窄巷子
不管是内敛的青灰色老建筑，还是淡雅的路标，都给人一种优雅感。

▼ 游走在古韵浓厚的巷角，半躺在竹椅上悠闲地喝着盖碗茶，宽窄的"闲"渗透于巷子的每一处。

▼ 开放、多元、动感的空间，在宽窄巷子中对立又统一，既怀旧，又现代，兼容并包的古巷将成都人最恣意的性格尽情展现。

>> Look | 73

▲ 夜晚的成都锦里古街

Jinli

锦里：锦上添花，里藏乾坤

闲来无事，翻翻发黄的《全唐诗》，蓦然看到杜甫那句"丞相祠堂何处寻，锦官城外柏森森"。而今日的锦官城中，武侯祠依旧古柏森森、曲径通幽。雕梁画栋之外，是一条青石板铺就的道路，小巷窄窄的，也不长，只有几百米。这条叫作"锦里"的小街据说曾是西蜀历史上最古老、最具有商业气息的街道之一，早在秦、汉、三国时期便已闻名全国。今天这条街上，有茶楼、客栈、酒楼、酒吧、戏台、风味小吃、工艺品、土特产等各种民俗文化。

穿梭于这条被誉为"成都版清明上河图"的商业街，捏个泥人、转个糖画儿、买张剪纸，一条街满是色彩缤纷的花灯和幌子，那明艳到极处的颜色，夹杂着热闹

▲ 走累了，可以随便找个小摊坐下来吃点当地小吃，喝些地道的川茶。

卖响簧的小贩在示范怎么耍。在这里，你甚至可以找到黄包车，短褂布鞋的车夫，拉着西装革履的现代公子招摇而过，恍如民国电影里的某个场景；白衣飘飘的伊人就在路的那一头痴痴等待，嫣然一笑、擦肩而过。

在路边的茶铺里，藤椅上安坐着悠然自得的茶客，一杯盖碗茶，喝出了老成都生活的精华。茶香馥郁之中，少女穿着水红色的旗袍，皓腕如雪，轻拢慢捻，琵琶半遮面，犹自唱着千年前的爱情故事。周围大多是青砖砌成的砖墙，黛青色的房顶，暗暗的色调透着浓浓的古意。还有织锦的仿古作坊，推开一扇木门，吱呀一声，靠近木窗下，有织机在"咯吱咯吱"叫，一个绣锦的织娘，低眉抬手，十指灵巧地穿梭于锦布上下。一层层的蚕丝铺起来，压平、抽丝成锦，随后再由女子一针一线绣出灵动的彩色图案。下午的阳光透过窗子，斑斑点点洒落在古旧的织机上，洒落在她低垂着的睫毛上，松鹤延年、富贵牡丹、寿星献桃……这些传统而典雅的图案里浓缩着中国，浓缩着成都。

在锦里闲步，到蜡染坊里看看蜡染；到戏楼里听听戏，看看变脸，喝喝盖碗茶。天渐渐暗了，客栈、店铺、戏台子，家家都早早地将灯笼挑起，烛影摇红，暖暖的光从一扇扇木门里流溢出来，浮生若梦，仿佛回到了千百年前，恍惚中不知身在何处。

Chapter 2 背起行囊，云游天府绝色风景

的童趣童真。而爱吃的人到了这里，往往就走不动路了，三大炮、牛肉豆花、三合泥、糖油果子、撒尿牛丸、油茶、臭豆腐、荞麦面、牛肉焦饼、钵钵鸡……一阵阵的香味刺激着老饕们脆弱的自制力。

三大炮，奇怪的名字，糯米团准确地在三个铜锣里弹三下，发出三声巨响，出来就是香喷喷的、叫人口水直流的美味。锦里是草根的，处处是绵软的成都话，逛着逛着，看到几十号人围成一个圈子，热闹喧哗，巴掌拍得"哗啦哗啦"响。挤进去一看，咦，原来是个

>> Look | 75

绝色四川

Yaan

雨城雅安，一种想要安家的冲动

　　作为四川降雨量最大的地区，雅安是当之无愧的"雨城"。因降水频繁，所以城区空气质量极好，每逢周末便有三五成群的都市人驾车来此呼吸新鲜空气。

　　身处清幽的雅安城区，很多人也许并不知道，它还曾代替康定做过几年西康省的省会，直至西康省被撤销。历史上的雅安虽地处边陲，但一直是个有重要军事地位的城市，是进入西藏的门户，素来为兵家必争之地，人称"川西咽喉"。雅安不仅是军事重镇，还是国宝熊猫的故乡。熊猫繁衍生活的地区本就非常有限，主要集中在四川一带，而雅安又是四川省内大熊猫活动最为频繁的核心区域之一。世界上第一只大熊猫就是在这里被发现的，如今的雅安，除了"雨城"这个诗意的美称之外，更是远近闻名的"熊猫之乡"。

　　雅安物华天宝，名产众多，封建时期仅作为贡品的物产就有6种之多，其中最

▼位于雅安市荥经县境内的牛背山是青衣江、大渡河的分水岭，四面环山、中间凸起的独特地理位置，使它获得"绝佳摄影胜地"的美称。

Chapter 2 ● 背起行囊，云游天府绝色风景

▲ 雅安廊桥横跨青衣江两岸，是城市景观的重要节点，也是雅安市的标志性建筑。

负盛名的当属雅安贡鱼和蒙顶茶。雅安贡鱼产于青衣江，形似鲤鱼，其肉质鲜美，为各地美食家所喜爱。雅安贡鱼的鱼骨中最主要的那根脊柱，形似一把"宝剑"，经常会被各地食客作为纪念品带回家去。蒙顶茶也是当地特产之一，是中国最古老的名茶，被后世尊为"茶中故旧、名茶先驱"。连茶圣陆羽都赞曰："蒙顶第一，顾诸第二。"唐宋两代蒙顶茶的产量和名声一度位居四川名茶之首，喜爱者甚众。因被人们认为有延年增寿的功效，又被称为"仙茶"，古人形容它"味甘而清，色黄而碧，酌杯中，香云罩覆，久凝不散"。

雅安丰富的自然旅游资源，近年来得到了很有效的开发和宣传，其中，夹金山是最不能错过的景点之一。作为中国工农红军翻越的第一座大雪山，夹金山在几十年前就广为人知。这里山势纵横，原始森林密布其间，是一座天然的动植物基因宝库。夹金山风光雄奇，远处的雪山白雪皑皑，在阳光的照射下格外超凡脱俗，主峰高约4930米，是青衣江的发源地。青衣江两岸奇峰突起，怪石嶙峋，峡谷飞瀑，一派原始天堂的图景，和谐之美油然而生，是人间所剩无几的净土之一。位于夹金山脚下的蜂桶寨国家级自然保护区，生活着大熊猫、金丝猴等珍稀动物，每个游客都可以在这里近距离地与国宝们接触，感受它们的活泼可爱。

也许，和这些可爱的生灵相处一段时间，再次返回大都市的时候，那种深刻的对比，会让每个人都对大自然涌起无限眷恋吧。

>>Look

碧峰峡，山水如诗多迷蒙

Bifengxia

水墨淡染映碧峰，女娲池上月朦胧，碧峰峡，从来都是一个山水如画的地方。

碧峰峡是"雨城"雅安最明媚的一道风景线，位于雅安城城北约八千米外。壁立千仞，谷壑幽深，为群山所环围，虽然千年的烟雨已化清尘，但碧峰峡，却依旧留存着那辗转于时光中的清婉与悠然。

要说起来，碧峰峡其实并不是很大，左峡向左，右峡向右，整体呈V字形延展，峡内沟壑纵横，山水空灵，两侧青峰夹峙，秀雅朦胧，神秘中带着几许宁和，俨然桃源。

峡飞峡落，瀑布多潋滟

碧峰峡位处雅安雨城区下里乡碧峰镇，风光旖旎，虽无迷花倚石的景致，却有几许落花微雨、云里话婵娟的甜蜜。

盛夏，如锦的繁花绽放着葱茏的时候，乘坐被誉为"天下第一梯"的碧峰峡青云梯下到峡谷底部，与碧峰峡来一次倾情邂逅，无疑是一个绝妙的选择。

碧峰峡内，奇石嶙峋，怪岩耸峙，青灰色的悬崖石壁上不经意间便露出了几许千蚀万刻之后的沧桑与典雅；细雨迷蒙的时候，漫步其间，满目的苍翠流转着云光花语，确是别有几分情调。

峡内植被丰富，夏日时，星星点点的野花独笑着烂漫。一座座形态各异的山峰错落在飞瀑流泉之间，山是水的魂、水是山的诗，青山秀水，明

媚别样。

碧峰峡内最美的是翠屏山。

翠屏山不高，海拔只有1250米，算不得巍峨，却异常灵秀。潺潺绿水自山巅迤逦而下，千堆卷雪、急流如云、及至山腰、水势放缓、松间竹照，淡雅而宜人。春夏时节，翠屏山上澎湃的花海晕染着姹紫嫣红的斑斓，山鸟啁啾，落花蝉鸣，山巅的碧峰寺内，钟声悠悠，荡漾着云波，身处其间，恍惚若置身蓬莱仙阙。

山畔，四季都有碧水潋滟，碧峰峡的瀑布群落更是一绝。

峡内瀑布溪潭有五十余处，有的声势浩大，磅礴壮丽；有的飞流直下，奇秀傲岸；有的如白练横空，清丽异常；有的如万道银丝垂落，清扬秀美……高百米、宽十米的千层岩瀑布是碧峰峡所有瀑布中最雄伟、最壮丽的。飞湍的水流自崖壁间如倒悬的银河般垂落至山腰蓊蓊郁郁的林木之间，然后自山腰蜿蜒流泻而下，一条条银丝编织着阳光，唯美异常。

女娲补天，来自远古的荣光

漫溯着碧峰的流水，悠悠向前，鼻尖萦绕着来自远古的芬芳，足下，多的却是亘古不变的怅惘。

碧峰峡是女娲文化的重要传承地，峡内不仅山水明秀，更氤氲着苍莽的历史与神话气息。

相传，女娲是远古正神，曾以纤纤素手抟土造人，更在不周山倒、天塌地

陷之时，挺身而出，斩巨龟，以其四肢撑天，炼五彩神石，以之弥补天阙。

虽然千万年的风雨早就将远古的痕迹悠悠磨灭，但碧峰峡上，却仍遗留着万古不灭的女娲遗迹，它是女娲池。

女娲池位于碧峰峡左峡中段，白龙潭瀑布之下，长80米，宽30米，水色如玉。相传，女娲曾在此沐浴。

女娲池不大，但很开阔，碧蓝色的池水，明透清澈，池底岩石纵横，略见倾斜，水藻痴迷着日光；池中，水色潋滟，偶尔会有几片树叶飘落水中，晕着精致；池上，银瀑如腾飞的白龙驰骋于崖壁之间；池畔，青山巍峨，茂木苍翠，时闻鸟语莺啼，但见猴踪鹿影，动静相宜，实是幽谷丛林之间难得一见的芳馨之地。

沿女娲池一路向上，到翠屏山附近，可见一座女娲祠。黄墙灰瓦、飞檐流丹、建筑巧致、画栋雕梁。祠内，供奉着一尊女娲圣像，眉若远山，皓齿星眸，衣袂翩跹，淡雅而华贵。每年，碧峰周边各地，总有不少信徒到祠内朝拜女娲娘娘，祠中香火旺盛。

除了女娲祠、女娲池外，碧峰峡内与女娲有关的景点还有六十余处，处处萦绕着神秘的气息，譬如天衣有缝等，若有闲暇，不妨挑几处去走走，体验一把山水之间寻踪探秘、对话远古的乐趣。

野外迷踪，动物狂欢趴

阅遍了碧峰，看厌了飞瀑，也不想再在女娲的荣光之中流连，那么，就去和动物们来一场假日狂欢吧！

碧峰峡野生动物园就在碧峰峡风景区内，占地12000平方米，林木葱茏，风景秀丽，是国内首家生态型野生动物园。

和平常的动物园不同，碧峰峡野生动物园的打开方式有两种：第一种，乘坐观光车观赏猛兽区；第二种，步行游览其他区域。

▲碧峰峡野生动物园内放养了各类珍稀动物，猴山上的猴子们会在你毫无戒备的情况下拽着你的衣襟，以种种惹人怜爱的姿态博取你的赏赐。

▲在熊猫馆内欣赏娇憨的大熊猫，小家伙们喜欢趴在树干上享受阳光，面对外界的召唤，它们也只是懒洋洋地朝你瞟上一眼……

▲ 如梦如幻的峡谷与瀑布

猛兽区内，千奇百怪，婆娑的丛林里，狮子王正缓缓踱步巡视着自己的领地，金色的鬃毛仿佛流动的阳光；浑身漆黑、人立如山的大黑熊则最喜欢将大盒子似的观光车团团围住，大爪子扒着窗户名正言顺地偷窥，当你的小心肝扑通扑通乱跳不止的时候，它却会在一声震撼整个山林的虎啸中匆匆离去，不过，接下来，迎接你的却将是眈眈虎视……

相比于猛兽区的惊险刺激与别样的"生死时速"，其他区域的氛围却要温馨许多。

白唇鹿悠悠唱着夏天，梅花鹿低头啃着青草，叉角羚正昂着脑袋痴痴望着那身姿矫健的藏羚羊；繁茂的枝叶间，不时会有长臂猿穿梭；猴山之巅，优雅的金丝猴漫不经心地扫了一眼急奔的鸵鸟，便又专心致志地欣赏起被五颜六色的鹦鹉们围攻的神兽羊驼，但其实，它的心里正沉淀着对极品区的白狮最深沉的思念。只可惜，陪伴在白狮身边的永远只有同样数量稀少的白虎及大赤袋鼠。

斜斜的翠屏、暖暖的日照，水墨淡染间，碧峰耸峙，山水如画，虎啸猿啼更炫耀着远古的芬芳。碧峰峡，从来都如此地令人向往，所以，还等什么呢，赶紧来吧，来碧峰，邂逅你的一米阳光、邂逅你的山灵水秀、邂逅你的……梦想乡！

达人分享

碧峰峡山明水秀，但同样也山高林密，游览时，有些细节一定要注意：
1. 不要离开景区或动物园区的游览大道，随意进入未开发的地区。
2. 不要随意采摘树上的野果，更不要随意食用。
3. 不要带花环或者花草编织的饰物进入动物园，以免被食草动物误伤。

▲ 绵阳市越王楼

Mianyang

山秀绵阳，水映涪城

绵阳，古称"涪城""绵州"，有"蜀道明珠""富乐之乡"的美誉。因地处绵山之南，1913年时按"山南水北"为"阳"的古义，而名"绵阳"。

绵阳，拥有人与自然和谐相生的"天理"，建址在四川盆地西北部，涪江中上游地带。东邻广元市的青川县、剑阁县和南充市的南部县、西充县；南接遂宁市的射洪县；西接德阳市的罗江县、中江县、绵竹县；西北与阿坝藏族羌族自治州和甘肃省的文县接壤。

北高南低的地势，海拔差异悬殊，由山地向丘陵过渡的地貌，形成了绵阳独特的气候特点。它极其优美的自然环境，似乎更能说明"城在山水间，人在画廊行"的含义。四山三水，有着"东旗西鼓，南蛇北龟"与"山形如斗，襟带三川"之称。地处涪江、安昌江、芙蓉溪三水交汇处，四面环山，这些又赋予了绵阳山的沉稳与水的灵动。

绵阳境内，景观独特优美，古朴优雅的小寨子沟、蜀中五大名山之一的窦圌山、古老神秘的千佛山、世外桃源猿王洞、蜀道奇观七曲山古柏林、美不胜收的罗浮山温泉、古钟阳镇遗址西蜀子云亭、兵家必争之地三国古战场等，都充分展现了绵阳魅力非凡的山水园林风光。另外，坐落于绵阳市、与九寨沟一山之隔的王朗自然保护区，则是全世界大熊猫聚集最多的地方。

历史悠久的名胜古迹，似乎还在诉说着一段尘封的历史。探寻李白的足迹，重回李白读书台以及可以寻仙访道的大匡山；掩映在金牛古蜀道和翠云廊古柏丛中的七曲山大庙；通往九寨沟路上的"深山故宫"报恩寺和独特的白马藏族风情；羌族自治县的禹里，即大禹故里，建有禹穴沟、禹王庙；"天然氧吧"的盐亭是嫘祖的故里，有嫘祖坟、嫘祖庙……不一而足。

一方山水养育一方人。绵阳自古人才济济，织绸的发明家嫘祖，治水英雄、古代先贤大禹，文昌帝君，诗仙李白，文豪欧阳修，文学家沙汀，武林奇人海灯等，都是沉淀在四川史册里的金子。另外，绵阳似乎还是一片灵魂追寻的沃土：刘备、诸葛亮、唐明皇、司马相如、杜甫、苏轼、陆游等，都在这里留下了不朽的诗文，留下了故事与传说。

美景是大自然给予我们的礼物，而那些富于人文气息的遗产、建筑，则是祖先的遗留。所有这些，都是寻求心灵安慰与放松的人要追寻的。那么，来绵阳吧，它会让你感叹。

▼在绵阳九皇山上，有几千棵古老的辛夷树，在辛夷花盛开的季节呈现出"花海"的景象，山坡上紫霞如云，蔚为壮观。

▼绵阳安县千佛山小镇上，一个小孩正在无忧无虑地玩耍。

绝色四川

Shunanzhuhai

蜀南竹海：巴蜀的"翠"璨明珠

　　蜀南竹海位于宜宾市东南处，是一处面积达一百二十多平方千米的天然竹园。园区全年气温在0℃～30℃之间，冬暖夏凉，使竹海拥有了得天独厚的地理条件。园中粗比碗口的楠竹枝叶繁茂，一丛丛、一片片，绵延覆盖五百多座山丘。园中夏日一片翠绿，冬日一片银白，如此广阔幽美的竹海，国内外罕见。蜀南竹海与石林、恐龙、悬棺并称"川南四绝"。

　　千百年来，碧波万顷的竹园莽莽苍苍，涌现诸多耐人寻味的奇闻趣事。传说著名的北宋诗人黄庭坚游园时，见此翠竹之海洋，连连赞叹："壮哉，竹波万里，峨眉姐妹耳！"然后挥扫帚为笔，在黄伞石上书曰"万岭菁"，因此，竹海又名"万岭菁"。

　　忘忧谷是一条狭长幽深的山谷，三面都是高峰耸峙，一面山壁悬挂巨大的飞瀑，飞珠溅玉，在谷底溅起团团水雾。谷中有一条清冽透明的溪水，水下苍苔遍

▼ 驾车在竹林中的道路上穿行，沿路向前，便是竹海。

布，宛若飘动溪底的柔软的黛黑薄纱，极富情致。传说黄庭坚书写"万岭菁"后在这里洗笔，墨墨苍苍，犹水墨丹青一般，后人便命之为墨溪。溪流悄悄而来，缓缓而去，从容宁静，与飞瀑的动态相辅相成。

　　山腰上有一方巨大的岩石，石中有一道齐齐整整的缝隙，几竿顽强的楠竹，执着地从裂缝中冲天而出，可谓"石破天惊"。山间老竹新篁长得叠翠溢青，不论是人面竹、花竹还是慈竹、楠竹，都生得枝繁叶茂、遮天蔽日，形成一条翡翠长廊，整个山谷也显得更加幽深。走在曲折有致的竹径上，在尘世里几近麻木的耳目顷刻间灵醒起来，听得水鸣鸟啾，观得竹绿花红，心中顿生超凡脱俗之感。小径两旁山花摇曳，兰花、海棠、杜鹃等次第争芳。明媚阳光透过枝间叶缝，漏下束束金色光线，翠绿的长廊化为色彩缤纷的画廊。声与色从缓缓的长坡开始弥漫，延伸至幽幽谷底，融入缕缕空气中，令人心旷神怡。

　　风过之处，翠浪连天，浩渺壮阔，竹涛声声回荡龙吟寺。侧耳倾听，仿佛远处的滚动沉雷，又似极富韵律的轻音乐。漫长的节奏，厚实的音响，给人以沉稳厚重的力量感。山雨欲来时则变成竹涛掀天，地动山摇，活生生一幅海面暴风画，真是倾耳林涛万壑声，恍如身在大江侧。

　　绿波翻卷的茫茫竹海中还栖息着很多珍贵动物。鸡冠硕大鲜红的是竹青鸡，全身雪白，引吭高歌时像是童话里美丽的白雪公主。竹青鸡双飞双宿，很是重情重义，据说一只一旦死亡，另一只亦将哀鸣而去。竹猴体形娇小如猕猴，常跳跃栖息于竹上，它们是一只只听觉灵敏的小精灵，略有风吹草动，便悄悄溜走。背黄腹白的竹蛙栖息于竹海溪涧，竹蛙生性敏感，闻声跃入水中，或浮或沉，十分惹人喜爱。林中还生长着竹荪、猴头菇、灵芝等名贵菌类和二百多种中草药，堪称天然的动植物园。

▼晴天的午后，登高远望七彩飞瀑，瀑布飞流直下，云烟浩渺，令人心旷神怡。

>> Look | 85

绝色四川

Yibin

宜宾：万里长江，十里酒城

宜宾，"万里长江第一城"，东邻泸州市，南接云南昭通市，西接凉山彝族自治州和乐山市，北靠自贡市。宜宾是长江上游开发最早、历史最悠久的城市之一，是名副其实的"中国酒都"，是南丝绸之路的起点，素有"西南半壁古戎州"的美誉。

宜宾是一个被竹子环绕起来的城市。这里的蜀南竹海素有"翠甲天下"之美誉，气魄恢宏、气势雄浑，北宋黄庭坚曾赞之曰："壮哉，竹波万里。"这里的自然景观各成一色，有石海洞乡、博望山、西部大峡谷、忘忧谷、筠连岩溶、筠连古楼山、八仙山、七仙湖等，个个独特神秘，令人流连忘返。

李庄古镇是宜宾市内著名的历史文化名镇，镇内的庙宇、殿堂、古戏楼、古街道、古民居，均体现了明清时期的建筑特点：慧光寺、玉佛寺、东岳庙等"九宫十八庙"，拥有很高的古文化价值；旋螺殿，享有"梁柱结构之优、颇足傲于当世之作"的赞誉，并与"魁星阁""百鹤窗""九龙石碑"共称古镇四绝。

建于明朝万历年间的夕佳山民居，周围楠木、樟树环抱，高墙深筑、屋宇轩昂、鸟语花香、环境清幽。白鹭成群翔集，宛若白云浮动，使夕佳山成为"天然鹭鸟公园"。

酒城宜宾市夜景

万里长江第一镇——宜宾李庄古镇

被称为世界之最、巴蜀一绝的僰人悬棺。木棺悬置于悬崖峭壁之上，似乎述说着僰民族的历史。那些绘制在悬棺旁边石壁上的图案，也映照着僰民族曾经的辉煌。而那崖葬悬棺的僰人文化，或许只有在铜鼓中才能略知一二。

酒城周围还分布着宜宾的千年历史遗迹：代表宜宾宋代酿酒文化，并风雨不倒的旧州塔；诗人黄庭坚蛰居宜宾时建造的流杯池；代表诸葛亮南征文化的丞相祠；金光洞遗址和"龙脊石"遗迹；以及在翠屏山上的哪吒行宫……

数千年来，大江文化浸润在宜宾人的血脉里。宜宾的大江文化，涵盖了龙崇拜、敬"川主"、修塔镇水、码头民俗等。以容纳百川、奔腾不息、开明开放、兼容并蓄、崇尚自由、追求真理为主要精神的三江（金沙江、岷江、长江）文化，延续着宜宾这座古城的内涵，并塑造着宜宾人的气质和灵魂。

宜宾兴文石海的石，是川南著名的岩溶景观，神奇瑰丽，大气磅礴，又是一处鬼斧神工的旅游景观。它以其造型奇特、蕴含丰富而远近闻名，是石文化中的一朵奇葩。

茶文化，也是构成宜宾文化的重要元素，千百年来陶冶着以种茶、采茶、制茶、喝茶为习俗的宜宾人。南丝绸古道，茶马古道在此皆有迹可寻，而习以为常的吃茶喝茶的习俗，以及盛传不衰的茶歌茶谣更是处处可见。

另外，苗族作为宜宾民族文化的亮点，拥有独特的服饰、独特的民俗及信仰。地处兴文石海的苗寨，无时无刻不散发出宜宾文化的另一种风情与光彩。

绝色四川

▶ Zigong

盐都灯影龙之乡——自贡

　　自贡地区自古产盐，因所产之盐是打井而得，故又称井盐。但由于成本和运输以及税收等原因，自贡井盐在历史上大多仅在当地自产自销而已。"自贡"这个名字正式出现在地图上，已是1939年9月的事了。

　　自贡的崛起，是历史的选择。那时国难当头，国内东部各大产盐区相继落入日寇手中，一直垄断盐业市场的海盐完全在市场上消失，但人民生活怎可一日无盐？当时的国民政府为了提高四川井盐的产量，减少管理上的成本和漏洞，遂下令将自流井、贡井两地区从富顺和荣县分别划出，并用两处首字合并命名为自贡市。这既是安定民心坚持抗日的善举，又可以广开财源，发展当地经济，可谓一举多得。从此，千年盐都翻开了它最为辉煌的一页。一时间，大量人力、物力、财力涌进自贡，一个原本籍籍无名的小地方，一跃成为一座闪耀的明星城市。

　　因盐业兴旺，自贡当时的税收也比别处来得丰厚，所以，在每一次抗战捐款中，当地盐商不光解囊相助，有的甚至倾囊而授，连当地的风尘女子、乞丐等社会底层民众都不落人后，场面热烈。据后来统计数据显示，自贡是整个抗战中捐款数额最高的城市，这无疑是一个巨大的光荣，将被永载史册。如果想仔细回味这段热

▼ "半城青山半城楼，彩灯映照碧水流。"自贡灯会如同这简短的诗句一样，各类人文风光俱全。

血沸腾的历史，可以去自贡市的盐业历史博物馆逛逛，定能获益良多。

自贡"灯会"是国内规模最大的灯会，并经常代表国内最高水平到海外展示，被誉为"流动的文化旅游资源""天下第一灯"。自贡"灯会"上的花灯以取材广泛、造型新颖见长，除常见的纸张、绸布、玻璃瓷器之外，连蚕茧、竹片都能被恰到好处地化腐朽为神奇，为自贡花灯添上一笔浓艳的色彩。在造型上，自贡人也同样绞尽脑汁，龙灯、马灯齐齐上阵不说，花鸟鱼虫、人物风景……五花八门、包罗万象，已经到了世间无物不可被自贡人用花灯的艺术形式表现出来的地步，直让人目眩神迷，分不清天上人间。

除了人文历史的沉淀，自贡还是中国的"恐龙之乡"，在当地不断有恐龙化石及其他史前生物化石被发掘出来，震惊着世人的眼目。自贡恐龙博物馆与美国国立恐龙公园、加拿大恐龙公园并称世界三大恐龙博物馆。馆内主要展出中侏罗纪时代的化石，走进去仿佛掉进了一个近在咫尺的"侏罗纪公园"，那些史前巨兽的遗骸触手可及，不再只是电影上的影像和书本上的文字与图画。馆内最珍贵的展品——中侏罗纪剑龙和翼龙的化石，它们的成功发掘填补了恐龙演化史上的一段空白，堪称镇馆之宝。

盐都、灯会、恐龙，这仅仅是自贡最具代表性的元素，走在它的街道上，你会发觉，自贡不仅仅如此，它还有除此之外的韵味和气质。

古镇民居门前的红灯笼

>> Look | 89

▲ 泸州一古镇上的青石板街道

🚤 *Luzhou*

泸州，千年酒香催人醉

　　长江奔腾，沱江蜿蜒，古城泸州被两江环绕，主城区看上去和曾经的重庆渝中半岛有异曲同工之妙。从堪舆学来讲，两江交汇之处从来就容易产生通都大邑，武汉、重庆就是典型，而泸州千年的繁盛也再次说明了这个道理。凭借两江航运之利，泸州自古就是川、渝、滇、黔等省市的物资集散地和四川南部的经济文化中心。宋代以后，泸州一直是四川地区与成、渝三足鼎立的商业城市和都会。然而，这座古城最被人牢记的名号还是"酒城"。

　　泸州钟灵毓秀，自然条件非常适合白酒酿造，兴盛的酒业已有几千年的历史。周围虽有怀仁"茅

▲ 古韵浓郁的泸州福宝古镇

▲ 泸州钟鼓楼名声响亮，古时四面八方的人第一次来到泸州，必要一睹它的尊容。几百年来，几经劫难的钟鼓楼，依旧以其昔日的英姿，巍然屹立于日新月异的泸州市中心。

台"，宜宾"五粮液"这些振聋发聩的名酒夹攻，但泸州"酒城"的名号绝不是浪得虚名，也难以被轻易撼动。泸州有两大名酒压阵，分别是在浓香型白酒中独占魁首的"泸州老窖"，以及在酱香型白酒中直追"茅台"的"郎酒"，可谓并蒂莲开，实至名归。

泸州老窖是中国浓香型白酒的起源所在，其无可比拟的霸主地位绵延至今，甚至连浓香型白酒这个称呼，都还有另外一个叫法，便是"泸香型白酒"。一打开瓶盖便可闻到一股扑面而来的浓郁酒香，入口甜爽，回味绵长。它的历史可以上溯到明代，距今约有四百余年，确切地说是1573年。在央视黄金时段经常可以听见"国窖1573"这句广告词，这绝对是言有其实的。泸州确有这样拥有四百多年的国宝窖池，有"中华第一窖"的美誉。为什么该窖可以享有如此殊荣呢？原因就在于经过几百年漫长的酿酒过程，窖内含有六百多种有益微生物，数量居全国各酒窖之首，有这么庞大的微生物群协同作战，并选用当地特产的糯红高粱，然后配以附近甘洌的井水，如此兼顾天时地利人和而酿造出来的酒，怎能不力压群雄呢？

"酒城"泸州除了"老窖"之外，还有"郎酒"这一支酱香型白酒的新秀，其声望在同类型白酒中仅次于"茅台"。清末，当地百姓发现附近的泉水非常适合酿酒，那泉名唤"郎泉"，所以用该泉酿造的酒，便称为"郎酒"。不要小看这"郎酒"，它和"茅台"的酿酒水源皆出自一脉，也可谓"系出名门"，后被并称为"赤水河畔的姐妹花"。最近几年，其声势直追茅台，秋色平分的局面早已形成。有人写诗赞美："蜀中尽道多佳酿，更数郎酒回味长。"

泸州名酒数不胜数，几千年来集合了众多劳动人民的智慧，创造出了不可替代的"酒文化"，每一滴佳酿的背后都有回味悠长的故事，等待着有缘人来细细品味。

专题

不可错过的四川美食，
不负你的吃货威名

似水流年多倾城，芳菲散尽雨朦胧。邂逅四川，俨然如梦。

蓉城街头，宽窄巷中，绿树繁花总点染着雍容；九寨迷情，点点碧水，常潋滟着斑斓；稻城绝俗，亚丁的存在本就是一种清丽；山城巷陌，九曲十八弯，洪崖洞的繁华里自掺杂了几许历史的沧桑……千里烟霞歌锦绣，春蝉暮雨咏楼城，四川，自古而今，便是西南大地上钟灵毓秀的地方，岁月流转间，不知道氤氲着多少传说与故事。走进川地，赏美景、听故事、歌琳琅、赞山水，自是题中之义。但其实，在四川，美景与传说固然不可辜负，美食却同样不可错过。

那 "翻滚" 着的热辣诱惑

川菜 "辣" 么多，全都 "辣" 么辣。

作为八大菜系之一，川菜一向以麻辣著称，在很多川人眼中，不辣就不能称之为川菜，而在川菜中，最火辣的无疑是火锅。火锅是川菜中最具地方特色的美食，亦是四川人、尤其是成都人、重庆人的挚爱。走进四川，无论是在灯红酒绿的都市里，还是在偏远宁静的山乡中，火锅店都随处可见。火辣辣的火锅，不知道从什么时候起，已经成了川人的一种美食情结。

四川火锅，以 "麻辣鲜香" 著称，口味独特，食材多样，品种丰富，有红锅、白锅、鱼头锅、排骨锅、肥肠锅、香菇锅、鸳鸯锅、酸菜鱼锅、火锅兔、火锅鱼、火锅鸡、火锅鸭等，这其中，又以山城地区红汤卤的毛肚火锅与一锅之内、双色双味的鸳鸯火锅最是

▲ 糖油果子

成都传统小吃，色泽黄亮，外酥内糯，香甜可口。

著名。看着锅中铺开的一片动人心魄的红，享受这舌尖上的酥麻与刺激，与亲朋好友闲话家常、畅谈古今，这的确是一种难得的意趣。

最"巴适"的麻辣迷情

串串是火锅的另一种形式，将各类荤素食材用竹签串起来，在滚热的红汤锅中涮锅，再蘸上酱料，缓缓送入口中，等待着那氤氲在麻辣中的不同口味慢慢在舌尖上化开，那感觉委实是——过瘾！

当然，除了火锅家族的"绝代双骄"，在四川，麻辣美食界还有不少扛把子，譬如麻婆豆腐、夫妻肺片、棒棒鸡等。麻婆豆腐和夫妻肺片都是川菜的金字招牌，中华老字号了。正宗的麻婆豆腐，淡黄中带着一种莹润的白色光泽，入口酥麻，口感滑嫩，火热的辣中还夹杂着一种难以言喻的鲜活，微微咬下，唇齿留香。而夫妻肺片，在四川，尤其是在蓉城，更是家喻户晓。夫妻肺片是一道凉菜，以前，是单纯的凉拌牛肺片，现在，为了满足食客们的饕餮需求，牛肉、牛心、牛舌、牛肚等也都成了夫妻肺片的宠儿。在四川，要吃到最地道的夫妻肺片，还得到蓉城，午后榕阴，在宽窄巷子中将旧日的轻舞飞扬采撷之后，走进路旁的小店，来一碗正宗的夫妻肺片，着实是一件美事。

啥？你说麻婆豆腐和夫妻肺片都太素，吃着不过瘾？没关系，咱还有棒棒鸡。

棒棒鸡，光听名字，就知道是"食肉动物"们的最爱了。棒棒鸡是川菜名品，源于明清时期，麻辣鲜香，以肉质肥嫩的汉阳鸡为主材，经过烹煮、冷却、棒槌敲击、切割拼盘、调味等多道工序，味道冠绝一时，尤其是经过特殊的手法敲击之后，鸡肉入口后会有一种独特的酥软感，特别美味。

当然，除了上述麻辣美食，川地的美食还有许多许多，每一道都有一段属于自己的故事、每一道都有着不一样的

味道与风情，小伙伴们若有机会，不妨在阳春花开的季节，走进四川，亲自去品尝一下。

四川小吃 "进行时"

主菜有主菜的旖旎，小吃也有小吃的风情，作为一个地道的吃货，来到四川，自然没有理由将那一道道使味蕾兴奋到爆棚的小吃错过。

川地风味独特的地方小吃如天上繁星般数之不尽，其中，最令人恋恋难忘的还要属担担面、川北凉粉、肥肠粉和酸辣豆花。担担面是四川民间最著名的一道小吃，因旧时的货郎常挑着扁担走街串巷地叫卖而得名。担担面的面条粗细适中，细滑、有韧劲，却柔而不软，以红油、芽菜、蒜蓉、葱花、肉末、冬菜、麻酱等为主要佐料，鲜而不腻，辣而不燥，辛辣中带着一种淡淡的酱香，只要吃上一口，无论是谁，肯定都会欲罢不能，咬掉舌头也得吃光才行，对吃货们来说，那就是一场"灾难"啊，好吃到停不下来！

川北凉粉，与担担面齐名，是源于南充地区的一道特色美食。精选优质豌豆去壳脱渣制成豆粉后，加热搅拌成糊状，冷却后成为凉粉。凉粉成形后有些像果冻，弹性很好，细嫩柔滑，入口绵软清滑，还带着一股淡淡的豆香。切成薄片佐以蒜泥、花腊面、酱油、辣椒油等酱料食用，口感最佳。

肥肠粉也是脍炙四川的一道风味小吃，麻辣鲜香，色红味美。用上好的红薯粉精心制作的粉条，配以肥肠和猪骨头熬制而成的汤头，以及菜籽油、红辣椒、榨菜、炒黄豆等辅料，一口下去，满口余香，委实令人回味无穷。

酸辣豆花也是四川的一种知名小吃，正宗的豆花，全都是以用井水充分浸泡过的优质黄豆细细碾磨过滤后的豆浆凝成。食用时，要先将豆花熬成滚烫，再撒上用酱油、味精、辣椒面、醋等调和的酱汁、葱花和菜末。

人们常说，"心急吃不了热豆腐"，豆腐也好，豆花也罢，趁热吃才是最美味的，尤其是豆花，淋上酱汁后，要趁热食用，凉了就不好吃了。至于说烫嘴什么的，就不要在乎了，对这么爱吃的我们来说，为了美食稍稍牺牲一下还是非常值得的。

"辣辣"的四川，不辣的美味

印象中的四川，似乎永远都逃不开麻与辣的窠臼，鲜亮的红油，满满的辣椒，早就成了四川风味的代名词。但其实，当你真正深入川地之后，你便会发现，四川美食界还有另一道耀眼的风景，名为"不辣"。

在四川的不辣美食榜上，排名前五的分别是叶儿粑、蹄花儿、兔头和红糖糍粑。

叶儿粑，是风靡四川的一种风味小吃，用糯米粉做皮，芽菜和肉末为馅，用叶儿粑叶子包裹好后，旺火蒸制。蒸熟之后的叶儿粑，色泽柔白，白中带着微微的自然绿，状若木鱼，入口软糯，咸中带甜，一口咬下，唇间还会有一股独属于叶片的清香流转，委实美味。

蹄花儿是地道的荤菜，但荤而不腻，在川菜谱系中，颇负盛名。蹄花儿，也就是我们常说的"炖猪蹄"。四川人吃猪蹄，不爱红烧，独爱清炖，而且是文火慢炖，炖完了有时候还会焖一下。这样做出来的蹄花儿，不仅肉烂、筋软，而且肥而不腻，吃起来黏黏的，上下唇被黏住是经常的，吃起来的确特有味道。

和蹄花儿相比，兔头算不得一道硬菜，但却是四川人的心头宝。

四川人的兔头情结其实和北方人的久久鸭情结有些类似，啃兔头，啃的不仅是一种味道，还是一种怀念。兔头是川省的传统小吃，骨头少，肉多，委实是越吃越香的美味。红糖糍粑和兔头一样，也是川地的传统小吃。圆圆的糍粑团子，裹上芝麻粉，浇上红糖汁后，用勺子轻轻舀起一个，送入口中，软软糯糯，甘甜的味道在味蕾间缓缓扩散、扩散，能一直甜到心间。要是再配上一碗"老鹰茶"，糯糯甜甜之间萦绕着暖暖茶香，就更加绝妙了。

当然，除了上述辣或不辣的经典名吃，四川的美食还有很多。或许，漫步在蜀山秀水、川街巷陌中的你，不经意间便能在某条街边、某处民宿、某个偏远的大排档，品尝到一份令你终生难忘的浓香与美好。当然，不管你有没有邂逅生命中注定要遇到的那份美好，有些美食，真的不可辜负——钟水饺、麻辣小面、蛋烘糕、醪糟汤、冰粉、腊肉、菊花鱼、东坡肘子等，多不胜数。

川省"辣"么大，我们得去看看；川味"辣"么多，我们得尽情尝尝；哪怕吃遍是一种奢望，但为了不辜负吃货的名声，我们也得去试试。很多时候，伴着水秀山清，肆意饕餮，本就是一种幸福，不是吗？

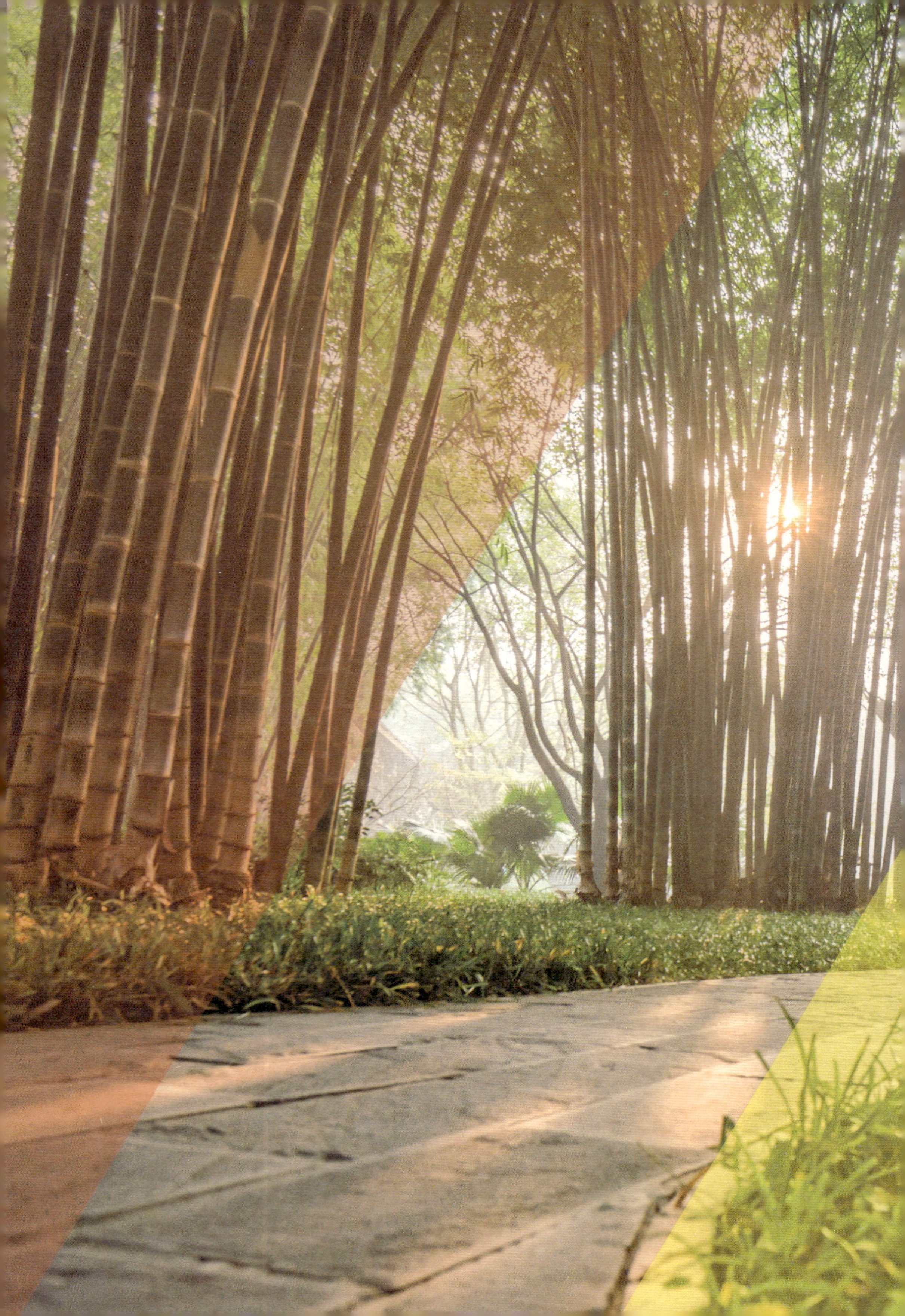

Chapter 3

晨光初现，带你穿越**巴蜀**文化胜迹

▲ 看如今草堂的残破与落寞，谁能不想起杜少陵的生前？

Dufucaotang

杜甫草堂，安得广厦千万间

人文古迹众多的成都，除了"武侯祠"，就数这"杜甫草堂"最能牵动人心。每一个到此一游的访客，总能从这里感应到"诗圣"光辉的人格，并体验出谁才是这"诗的国度"中最可模仿却无可超越的天才。位于成都浣花溪旁的杜甫草堂，是杜甫在公元759年，为避"安史之乱"，而在成都修建的栖身之所，虽仓促简陋，却时刻散发着幽静和儒雅之气。这里葱葱郁郁、古树参天、流水蜿蜒、小桥横卧，好一派田园风光。和被战乱蹂躏的长安、洛阳相比，成都的浣花溪不

▲ 在草堂中，有一座以茅草作顶的碑亭，内有一大石碑，并镌刻"少陵草堂"四个大字；碑亭背靠荷花池，被生机盎然的花草竹林所环抱，景色秀雅宜人。

啻是一个世外桃源。

虽说穷，且历经波折，但杜甫草堂还是在朋友的资助下修建起来了——这家赞助几株树木，那家馈赠几两银子，东家送点果腹的米面，西家送些御寒的冬衣，初来乍到，周遭的朋友给了诗人力所能及的帮助和温暖，"但有故人供禄米，微躯此外更何求"就是诗人对朋友们的感谢。心情一好，心思就细密，随手就能写下"随风潜入夜，润物细无声"这样的佳句。但一代诗圣杜甫终究还是心怀天下的文人，虽身在繁花似锦的成都，内心却仍然牵挂着长安、洛阳的动荡时局，不禁提笔挥就："丞相祠堂何处寻？锦官城外柏森森。映阶碧草自春色，隔叶黄鹂空好音。"满眼春色仍然不能排遣诗人心中对家国、对苍生的拳拳眷念。

毕竟是匆匆搭建的草堂，哪里能禁得住风雨经年累月的侵扰呢？在草堂修建好不到两年，一场强劲的秋风虽未将草堂连根拔起，但也掀顶翻瓦，给诗人造成严重损失。"八月秋高风怒号，卷我屋上三重茅"，结果是"床头屋漏无干处，雨脚如麻未断绝。自经丧乱少睡眠，长夜沾湿何由彻"。可哪怕面临如此窘境，他心里依旧惦记着天下，以及那些和他一样窘迫的寒士的处境，遂祈愿："安得广厦千万间，大庇天下寒士俱欢颜，风雨不动安如山！"一听时局好转，诗人立刻动了回长安的念头，并忍不住狂喜："白日放歌须纵酒，青春作伴好还乡。即从巴峡穿巫峡，便下襄阳向洛阳。"谁说只有李白会挥洒浪漫激情，现实主义的杜甫也有属于他的慷慨激昂。

自从杜甫离开以后，他居住的草堂便成了历代文人慕名前来的朝圣地，在此后一千多年的时光中被历朝统治者不断翻修。如今的杜甫草堂收藏着无数后代文人的珍贵书画，它早已成为一个不断被充实的"杜甫纪念馆"，在一片温柔静谧的清幽中，娓娓诉说着一代文豪的点点滴滴。

Chapter 3 ● 晨光初现，带你穿越巴蜀文化胜迹

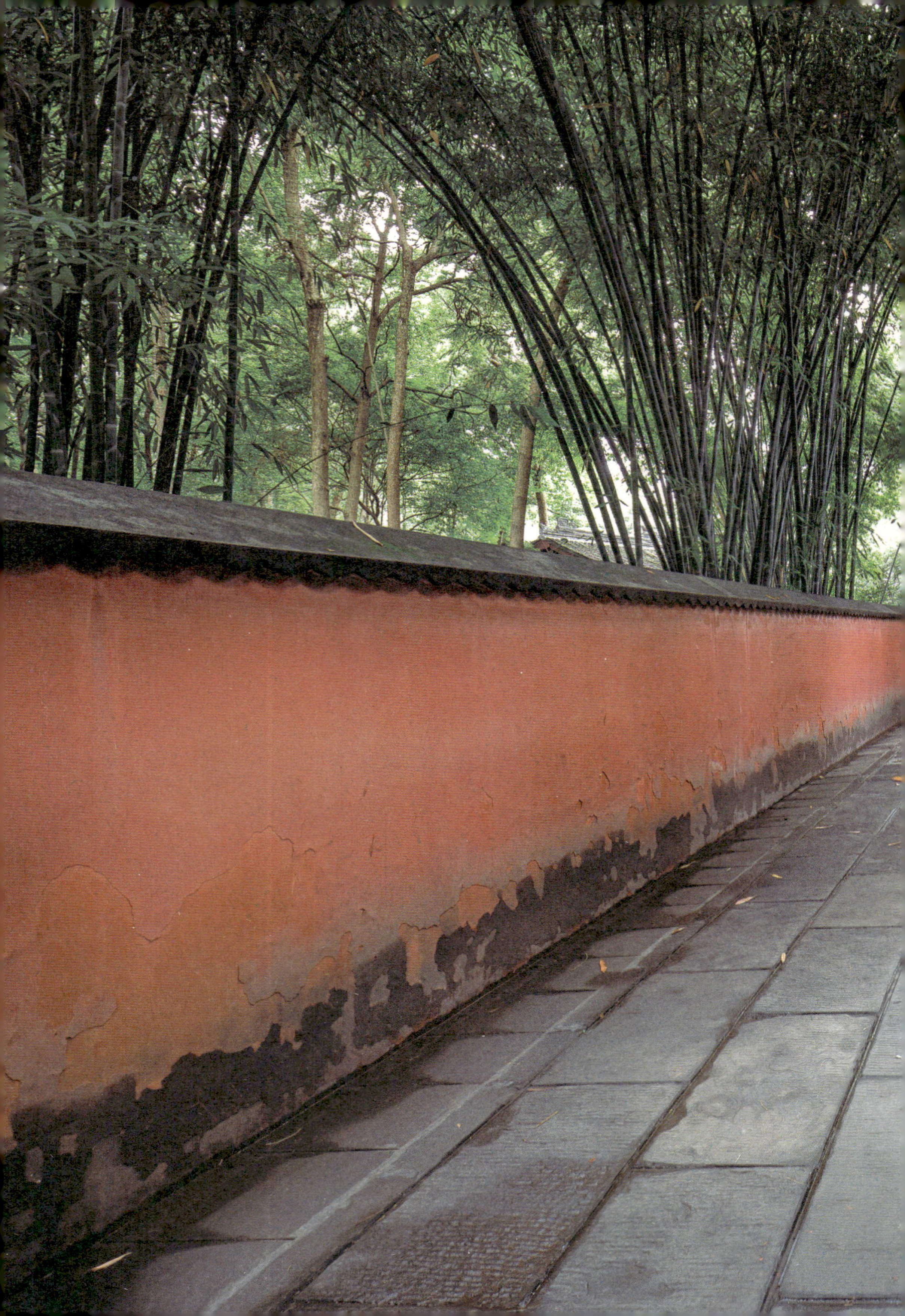

杜甫草堂内狭长的红墙夹道

▲ 都江堰南桥夜景

Langqiao

廊桥——优雅的遗风

　　都江堰上有座南桥，位于都江堰宝瓶口附近的岷江内江上，是一座始建于清代的廊式古桥。南桥的桥门飞檐彩绘，看上去就像是一座古色古香的楼阁。桥下奔涌着千年不息的岷江水，桥上却自有一分悠闲，人们三三两两地漫步桥上，感受着阵阵河风穿桥而过带来的凉爽。雕梁画栋的桥身和桥外不远处的如画秀色都会让人在不知不觉中驻足而立。

　　如果说都江堰南桥是恬淡从容的田园诗，那么安县千佛山的五福廊桥，就是秀美轻灵的水墨画了。五福廊桥是一座建于明末清初的歇山挠檐木瓦结构的回廊双桥。这

座桥是一座南北走向、横跨茶坪河的木结构古桥，两桥之间均建有单檐悬山式桥楼，顶上盖小青瓦。整座桥梁构思奇巧，造型优美，建造古朴大方，风格独特别致，与千佛山优美的自然风光交织在一起，韵味十足。

　　还有纯朴野趣的龙华廊桥。它位于老君山山麓的龙华古镇，依山傍水建在老君山下的大龙溪和小龙溪交汇处。廊内清幽，廊上还有各种书法匾额挂于桥上，桥两头沿岸的大树遮天盖日。夏日黄昏，桥上经常坐满了纳凉的人们，站在这儿看小镇上袅袅升起的炊烟，你看风景，你也成了风景。

　　此外，还有雅安廊桥。这座刚建成的"中国第一廊桥"，以其雕梁画栋的精细、金碧辉煌的气势，让游人为之惊叹。采用现代科技的灯光，置身其中，可以完美地感受到古典与现在的融合。夜色中的廊桥更令人心醉神迷，金色、绿色、橙色、紫色的光影在水波上跳跃，凭栏望去，似乎能追寻到桨声灯影里的秦淮旧梦了，这一刻你会被四川廊桥的风情深深俘获。

▲ 成都市武侯祠内景

Wuhouci

武侯祠 :诗仙风骨,长留我心

最能代表成都的是什么？大部分中国人都会说：灼人唇舌的川菜,特色鲜明的四川话,还有娇艳明媚的川妹子。说得没错,但说完这些后,成都本地的朋友却会积极推荐你去城南的武侯祠看看,那里有成都最圣洁的灵魂。

我们现今能看到的武侯祠是在康熙年间重新修缮的,距今也有三百多年了。历史上因战乱曾几度兴废,但又被后人不断重建,武侯祠早已成了成都人的精神

▲ 武侯祠的正殿中供奉着诸葛亮祖孙三代的塑像，正中间的诸葛亮头戴纶巾、手执羽扇，是珍贵的历史文物。

▲ 武侯祠正殿西侧，便是千年古冢刘备墓。

殿堂，永不能摧毁。虽说武侯祠的正门口挂的牌匾并不是"武侯祠"三个字，且祠里还供奉着刘关张以及蜀汉政权的文武百官，但在成都武侯祠，无论门前挂着怎样的牌匾，却只有诸葛亮才是这里的主角。只因诸葛亮治理成都时留下太多为人称道的政绩。这也是为什么全国各地尽管有十多座武侯祠，但只有成都武侯祠是实至名归的原因。诸葛亮为蜀汉政权，也为当时的蜀汉都城——成都付出了太多心力。既要发展生产，还要带兵北伐，虽说赋税徭役不可避免地重了些，起码治安稳定，路不拾遗，吏治清明，四川人民不用担心战乱和暴政。在一片腥风血雨、杀伐不断的三国时代，整个蜀中倒也安定祥和。

因诸葛亮在治蜀期间政绩斐然，人们对他的感激之情历经千年而没有淡漠。其中大诗人杜甫对这位贤相有着特别的崇敬之情，他住在成都期间，有空必去寻访诸葛亮的遗迹。七言律诗《蜀相》更是道尽诸葛亮"鞠躬尽瘁、死而后已"的一生——"丞相祠堂何处寻？锦官城外柏森森。映阶碧草自春色，隔叶黄鹂空好音。三顾频烦天下计，两朝开济老臣心。出师未捷身先死，长使英雄泪满襟。"有心的读者，其实还可以从诗中读出一点点中国古代文人特有的"怨而不怒"。历代文人，尤其是官场文人，对诸葛亮一生的遭遇，都会产生各种微妙却不尽相同的共鸣。

现今的武侯祠外，有一处"惠陵"是诸葛亮亲自为刘备选的墓地。在唐朝时，现在的武侯祠还是成都南郊，也就吻合了《蜀相》里那句"丞相祠堂何处寻？锦官城外柏森森"。这对中国历史上感情最好的明君贤相，自始至终都联系在一起，共同惠泽着整个成都乃至整个四川。从武侯祠出来，就是锦里，这条巷弄有着古装扮相的世俗快乐，比起隔壁"天地君亲师"般高不可及的武侯祠，锦里有着更符合成都本来气质的轻松和休闲，也许那庙堂上的庄严历史，落到日常生活的实处，无非就是衣食住行吧！

Chapter 3 ● 晨光初现，带你穿越巴蜀文化胜迹

绝色四川

Langzhonggucheng

建筑文化的奇观——阆中古城

　　中国自古就有"南丽江、北平遥、东歙县、西阆中"之称。阆中古城位于嘉陵江中游，山围四面，水绕三方，天造地设，风景优美，素有"阆苑仙境""嘉陵第一江山"之美誉。由于地理格局兼备了"龙、穴、砂、水、向"等"地理五诀"，从而成为中国目前唯一保留下来的按唐代风水理念修建的古城。

　　在源远流长的阆中历史上，这里的人民创造了光辉灿烂的文化，留下了众多文化遗迹。杜甫曾赞道"阆中胜事可肠断，阆州城南天下稀"，苏轼曾赞道"阆苑千葩映玉寰，人间只有此花新"，陆游也曾在此留下了"城中飞阁连危亭，处处轩窗对锦屏"的千古佳句。阆中，以其独具魅力的文化内涵，无不浸染着文人骚客笔下的淡墨。

　　徜徉在阆中古城原汁原味的历史文化古韵里，那里至今还保持着唐宋格局、明清风貌。所谓"秦砖汉瓦魂，唐宋格局明清貌；京院苏园韵，川渝灵性巴阆

▼ 建筑在阆中古城中"独具特色"的民居

▲ 徘徊在古朴的街角，静静伫立于如世外桃源般的院落，看时代变迁，观岁月流转。

风"。阆中古城的特点和历史风韵似乎形象地写在了这副对联里。俯拾皆是的秦砖汉瓦，目不暇接的民居木雕窗花，扑面而来的更是一股浓郁而古朴的文化气息。

这里的古院落，堪称建筑美学的"百科全书"。民居古院，是古城中的又一大景观。古院内，别有洞天、大院套小院、天井连天井、花木伴池台、回廊连亭榭，和谐而幽深。

古街巷，巴蜀古建筑的实物宝库。在阆中最有趣的莫过于古城街名，或因名人命名，或因风水山向命名，或因祠庙和产业命名，多有其特殊含义。如状元街、学道街、管星街、三陈街、醋房街等，每条街都承载着一段历史。

古窗花，民间建筑的一大奇观。玲珑剔透，变化万千的雕饰镂刻，有"中国民间建筑的一大奇观"之誉。房屋上的握挑、吊檐、檐头、门窗、门楣，大多有雕饰，特别是四合院中千奇百怪的镂空窗花，浓缩着古民居的精华和灵魂。

今天的阆中古城，保留下来的几条老街，仍然透露出古朴的韵味。来到这里，就会陶醉于这古街上舒缓的节奏和气氛，不管外面的世界如何，始终不温不火、懒散悠然。只有深不可测的气息在残破的门楣上，刻写着古城的年轮和岁月的沧桑，并将古老的文化无限地发扬光大。

>> Look | 107

绝色四川

▲ 看着庄严肃穆的乐山大佛，让人不得不佩服古人的智慧与毅力。

Leshandafo

乐山大佛，山佛一体的凌云大像

　　乐山大佛位于四川省乐山市，雕凿在凌云山的岩壁上，俯视岷江、青衣江、大渡河三江，气势雄伟。大佛取弥勒佛坐像造型，依临江峭壁人工凿造而成，又名凌云大佛。

　　大佛巍峨壮观，号称"佛是一座山，山是一尊佛"，正身高71米，头部就有15米高，上面雕刻着一千多个发髻。单单是一个脚背就宽9米，长11米，可围坐上百人，是迄今为止世界上最大的一座石刻弥勒佛坐像，也是唐代摩崖造像中的艺术精品之一。大佛左右两侧的崖壁上，有两尊身高十余米的护法天王石刻，一个手持戈戟，怒目而视，一个身着战袍，呼之欲出。再加上数百石刻佛龛，形成了庞大的佛教石刻艺术群。它们历经千年风风雨雨，至今依然安坐在滔滔江水之畔，慈眉善

目，淡看红尘世间花开花落。

沿着凿于唐朝的九曲栈道前行，仿佛是一段凡间和仙界的距离，坡度接近九十度的台阶让每一步的靠近都更加艰难。游人低下头，表情虔诚，缓缓地顺着山势盘旋而上，一步一步都带些朝圣的味道。沿途崖壁上有许多石刻佛龛，里面陈列着神态各异的佛像，红砂岩质的雕像在岁月的无情侵蚀下，已经风化得看不清原本的真面目了，模糊的轮廓中依稀可见当年精美的模样。

抬头仰望，佛像体态雄伟而不失端庄，威严却又从容淡定，嘴角微微拉伸，恍若阳光普照下的微笑，平视隔江相望的乐山城，接受一双双来自人类或崇拜或惊叹的眼神。大佛的脚下便是三江汇流处，原本汹涌的江水在大佛充满

▼ 远观大佛的发髻与头部浑然一体，实则却是以石块逐个嵌就。

▼ 乐山大佛头与山齐，足踏大江，脚背宽大，脚面甚至可以围坐百人以上。

包容目光的注视下，出奇平静缓和地流淌着。夺目的阳光在江面上跳跃着，如同仙界撒下的点点碎金，白色浪花拖着长长的尾巴，一路欢歌而去。乐山大佛设计巧妙，在两耳和头颅后面，凿有纵横交错的排水沟，大雨能通过这些排水沟及时排走，从而保护大佛免受雨水的侵蚀。但排水设施隐而不见，诗曰"泉从古佛髻中流"。

站在与凌云山遥相呼应的峨眉山上，乐山大佛的全貌一览无余。它的整个形体超凡脱俗，端庄匀称的佛首、无数的发髻、高而长的眉毛以及浑圆的鼻孔都是佛教典籍里描述的模样，舍弃了印度佛像的"宽肩细腰"，取而代之的是壮实的双肩，

◀ 无数的游人都来瞻仰这尊佛像，它却千百年不为所动。

淡定的气概，带给行船的人战胜激流险滩的勇气和信心吧！

乐山大佛的开凿离不开凌云寺的僧人释海通。以前每当夏汛，汇聚于凌云山脚的岷江、大渡河、青衣江三江水流如脱缰之马，直捣山壁，时常发生舟楫颠覆、百姓死亡的悲剧。海通和尚心中十分不忍，于是立志要在山崖上开凿一尊弥勒佛大像，以仰仗无边法力，"易暴浪为安流"，从而永镇风涛。海通和尚遍行大江南北募化钱财，大佛于唐明皇开元初年开始修凿，其间几经波折，数次中断又恢复，海通和尚甚至为筹款而"自抉其目，捧盘致之"，堪称专诚忘身、心怀天下。海通的悲壮之行，激励了众心，佛像的建造得以顺利进行，唐德宗贞元十九年（803），乐山大佛在唐朝三代工匠的不懈努力下终于竣工，全程历时90年之久。

完工的乐山大佛继承了海通舍己而造福众生的奉献精神，慈眉善目、大肚能容，给人一种安详的感动。亲近大佛时，心灵便不由自主变得澄澈透明，洗尽铅华，返璞归真。千余载的浩浩历史，乐山大佛阅尽多少人间往事，经历多少朝代兴衰，至今仍然高高耸立在三江汇流之处，包容天下，普度众生。一百多年的春华秋实，人来了又去了，看着湍急江水变缓流，看着人间春色满园换硝烟，却依旧肃穆慈祥，心旌不摇，好一个大爱无边的宽广胸怀！

饱满的胸脯，从一个侧面折射了唐代以胖为美的喜好。乐山大佛是根据五代时期一个名叫契此和尚的形象塑造而成的。此人乐善好施，能预知天气、预测人的吉凶。佛像坐立的姿势不同于印度佛像的"结跏趺式"，而是双脚自然下垂。因为乐山大佛本是修来镇水的，大概这种正襟危坐的坐式，能够显出坦然

Chapter 3 ● 晨光初现，带你穿越巴蜀文化胜迹

>> Look 111

绝色四川

▲ 生动有趣的造型，让人叹为观止。

Nankanmoyazaoxiang

巴蜀佛教长廊——南龛摩崖造像

　　南龛摩崖造像，始建于南北朝的梁魏，续镌于隋代，盛镌于唐代，后经历代增铸，逐渐形成今天斑斓玲珑、栉比相连的石窟群。造像规模宏大，数量集中，结构完整，多分布在云屏石、山门石千佛岩、大佛洞、佛爷湾、老君湾、神仙坡等一带的崖壁上。方正如削，列层分龛，超凡脱俗，是巧夺天工的艺术精品，是巴州古文化浓缩的结晶。

　　南龛摩崖造像始称南龛寺，又名光福寺，以全崖正中的卢舍那佛像为代表作。

大窟小龛，密如蜂房，现存多龛造像，有经幢、造像碑、新建碑、"奏表"碑、题记、诗文等。历代文人墨客多有墨迹镌刻，李白曾书"怪状"二字于此，杜甫有《判府太中严公九日南山诗》题刻，更显弥足珍贵。

南龛造像多为盛唐前后的作品，少数是南北朝、宋代及近代作品。其中包括释迦牟尼佛、药师佛、毗卢舍那佛、阿弥陀佛、双首佛、双身佛、鬼子母菩萨等造像。菩萨造像，以观音菩萨为最多。其余的则为闻法等诸菩萨及八部、天王、力士、伎乐、飞天等护法的造像。

南龛造像突出华丽的装饰，石窟注重龛楣的雕刻、彩绘，有很多屋形窟，并雕有花草、动物、天神、化佛等图案。同时，配以绿、红、白、粉、蓝、土红色等进行彩绘，使龛楣清新精美，气势磅礴。另外加上别具一格的布局，使得造像疏密相配，错落有致。

南龛造像长于写实、夸张的艺术手法，人物形象鲜明生动，匠心独具。协调统一的形式和内容，体现着古代匠师的聪明才智。佛像身躯健美，表情庄严肃穆，面容丰满，衣饰富丽，栩栩如生，富有浓厚的生活气息。菩萨像，体态优美，和谐生动。力士像，威风凛凛，雄健有力。飞天像，形象优美，生动活泼，雕刻精巧，质感强劲。纯熟的高浮雕刻法，洗练的线条阴刻技术，表述出不同内容的佛传式"经变"故事，反映着不同时代的美学标准，重现了不同的社会生活面貌。

南龛摩崖造像是以佛教为主题的宗教艺术，以供养窟为主，佛教故事极少，布局严谨，雕刻精巧微妙。其中佛像庄严肃穆，菩萨肢体修长、亭亭玉立，或丰腴腻体、曲眉丰颐。有些主尊佛，脸上流露微微的喜悦，给人以亲切之感。众多菩萨像或单独成龛，或与阿弥陀佛、地藏合一龛。肌肤细腻丰满，体态婀娜多姿，容颜妩媚动人，富有女性特征。尤其是接近现实人物形象的护法像，极具地方特色。

南龛造像别具匠心，雕刻技法和艺术处理上，打破了神秘化和程式化的束缚，重现了盛唐时期的艺术风格。南龛造像超凡脱俗，它融合了悠久的蜀地民俗风情，谱写着光辉的巴蜀历史。

▲ 栩栩如生、雄健有力的造像

▲ 三苏祠门前景色

Sansuci

三苏祠，一门三文豪

　　四川眉山，并不是什么通都大邑，但自从出了"文坛三苏"之后，慕名而来的游人足以让这座小城永远都不寂寞。这"三苏"就是继"三曹"之后文学家族的典型代表——苏洵、苏轼、苏辙。其中，最有人文性和娱乐性的毫无疑问是大文豪苏轼，千百年来，在国人心中的文人排行榜上，无论标准怎么苛刻挑剔，他都能够以最轻松的姿态，毫无悬念地进入前5名。眉山出了这样惊天动地的大人物，"三苏祠"的出现，也就不足为奇了，甚至历史上还有人嫌其规模格局不够大气，不能完美体现文坛"三苏"应有的历史地位。

❶ 苏轼坐像
❷ 披风榭
❸ 翠竹

　　"三苏祠"是在三苏的旧宅上改建而成的，作为国内最大的"三苏纪念馆"，如今的规模早已是原址的20倍。它不再仅仅是一座宅院，那绝对装不下来自四海宾朋的热情，如今，它已成为一个儒雅大气的园林式纪念馆。馆内不仅有三苏的塑像，他们的家人，而且苏轼那些有名的侍妾也一并享受这种待遇，供络绎不绝的游客们作精神膜拜。馆内古迹众多，比如曾经的洗砚池、古井，看到这些与先贤日常生活相关的遗迹，每个人多少都会产生想沾点仙气的冲动吧！

　　三苏祠毕竟只是一个供人凭吊的场所，其中的三苏如何诗书传家，如何彼此切磋思想，才是应该关注的重点，尤其是苏洵对苏轼和苏辙的家庭教育更值得每一位家长学习。苏洵作为文人，不见得有多成功，但他最成功的作品就是造就了两个优秀的儿子。苏洵前半生蹭蹬科场，于是把大量精力用来教子读书，提高诗文技艺。苏轼的母亲，出身大户人家，对两个儿子的言传身教颇有章法，她经常给他们讲前人的故事，培养他们的道德情操。严父慈母经年累月地教导，终于使苏轼兄弟光彩夺目，那光彩照耀千年，后人无法超越。而所有的一切，都是在这"三苏祠"内完成的。

　　来过一次三苏祠，当我们再吟诵"但愿人长久，千里共婵娟""大江东去，浪淘尽，千古风流人物""不识庐山真面目，只缘身在此山中""欲把西湖比西子，淡妆浓抹总相宜""世事一场大梦，人生几度秋凉"这些经典名句时，我们的脑海中除了"明月""大江""庐山""西湖""人生"这些意象外，应该也会不时浮现出"三苏祠"的一草一木吧？

▲ 被放置在悬崖绝壁上的僰人棺木

Borenxuanguan

紧贴历史的痕迹，造访 僰人悬棺

在四川南部的崇山峻岭中有个叫洛表的小镇，这个偏僻的小镇未经任何现代文明的浸染，古朴的农舍隐在淡淡的薄雾中，人们世代延续男耕女织的原始分工，过着世外桃源般的生活。但在离小镇不远的陡峭岩壁上，却悬挂着一个惊天的秘密，那就是被称为"千古之谜"的僰人悬棺。

站在陡峭的灰白崖壁下，虔诚地仰视这些神秘的棺木，上百口完好的棺木悬挂于几十米甚至上百米的高处，傲视着脚下流淌的岁月，像是智慧的哲人，指点着生与死的边界。棺木是头大脚小的长匣形状，饱经岁月的雕琢，表面已经呈现黑色，无一例外地自西向东放置，头部都向着太阳升起的地方。它们或架于峭壁凹入可避风处的木桩上，或藏身于岩壁天然的缝隙中，或置身于人工开凿的岩石洞穴内，历经数百年的风吹日晒。

▲ 四川珙县的悬棺山

▲ 历史上，当僰人受到流行疾病威胁的时候，他们的祖先告诉僰人："只有将棺木放置于绝壁之上，方能逃脱病疫的威胁。"

棺木由整块柄木挖凿而成，长达两米，风化干燥后重约千斤，悬挂棺木的山岩高达数百米，连猿猴都无法攀缘。没有人知道在没有什么起吊设备的情况下，古代僰人是如何完成这项艰难的工程的。僰人先民用双手和原始工具托起了生命的重量，让一具具沉重的棺木坐落在高高的悬崖上，接受一个百年又一个百年的时光洗礼。眼角悄然湿润，只为古代僰人不可思议的勇敢和智慧。

这些历史的悬棺里，藏匿着永不凋谢的记忆。棺内的殉葬物品多寡不定，有陶瓷器、木竹器、铁器和麻织品，其中以麻织品最多，间或有少量的丝织品。悬棺的崖壁上至今仍存有大量僰人的岩画，其中以位于洛表镇西南的麻塘悬棺岩画最为著名。二百多幅岩画栩栩如生，结构古朴而不失精美，内容丰富而不失繁杂。有太阳徽、太极图、几何图形，也有犀牛、野猪、雀鸟，还有骑射、舞蹈、杂技等，弥漫着浓郁的生活气息，远古先民的影子仿佛就在身边，历史的沧桑感蓦然而起。悬崖上还有一些印章一样的图案，多数用红色，少数用白色，中间是一些篆体的古汉字，色泽历经数百年而依然鲜亮。

花开花谢，猜不透棺木的思考；日出日落，读不懂遥远的历史。一个民族永远灭亡了，一个谜却永远诞生了。站在这里，仰望着峭壁上那残存的棺桩、数不清的洞穴以及永不褪色的岩画，所有人的脑子里都是一串巨大的问号：古代的僰人是如何将这么沉重的木棺放上去的？僰人先民悬棺绝壁的真正原因是什么？如果说僰人的悬棺方式和陪葬品是一个未解之谜，那么这个民族的消失更是千古之谜。他们像一滴融入历史长河中的水珠，更像一条流着流着便消失在沙漠的内陆河，悄悄地来又悄悄地去，没有留下任何只言片语。

资料中的僰人来自南方沿海，一路沿着长江辗转迁徙，漂泊到宜宾才停下脚步，并在这里建立了自己的国家，号为"僰国"。僰人生性平和，最终因武器落后被明军剿灭，变为一块明军用来炫耀战绩的平蛮碑。碑面尚未剥落的文字，依稀还留有当年的血雨腥风，那是一个民族的悲伤。也从此，"僰"这个字，便只存在于泛黄的字典和历史的记忆之中了。

也许是僰人没有办法在历史长河中留下明亮的痕迹，就找一面绝壁，凿上几个孔，把棺木置于其上。只在高高的绝壁上留下一个个神秘的悬棺，给后人一些未解之谜。可惜，这只是也许、这只是推测。僰人的文明史还远远没到我们可以随意解读的时候，我们现在可以翻来覆去讲述的寥寥数语，都是历史学家们在悬崖上攀爬多年的结果，与早已毁灭了的及尚未探索出来的那一部分相比，只是冰山一角。所以，对于这样一个全无踪影的民族的历史，不要把问号换上惯有的赞美的感叹号或者是定论的句号，请继续保持脑子里的问号，保留一份对历史和人类文明的尊重。

螃蟹溪的溪水缓缓流淌，山风吹来远古的硝烟和鼓角，远处村庄已经是炊烟袅袅，古老的僰乡依然在延续着自己的故事，丝毫不受外界的侵扰。仿佛所有的一切都是昨天的事，岁月就这样在无声无息中悄然逝去。我们只须静静观看、默默思索、不懈努力，就像执着于要留下痕迹的僰人一样。

▲ 学者们在峭拔陡险的悬崖下模拟僰人"升棺"。

▲ 闪烁在历史长河中的僰人悬棺，仿佛诉说着当年的血雨腥风。

三面环山、一面带水的昭化古城

Zhaohuagucheng

蜀汉兴衰之印记——昭化古城

　　昭化，一座守候在剑门蜀道上的古城。最早称葭萌，先后更名为汉寿、晋寿、益昌、益光、京兆和昭化。历史悠久，人文荟萃，是四川境内建制最早的县，是剑门蜀道遗址群的重要组成部分，也是我国迄今为止唯一一座保存完好的三国古城，更是一座中国建制的活化石之城。

　　古城位于白龙江、嘉陵江、清江三江交汇处，其中嘉陵江水在此洄澜，形成水系宛成、太极天成的自然奇观，因此有"天下第一山水太极"的美誉。

　　古城风貌依旧，历史文化底蕴丰厚，是名副其实的"巴蜀第一县，蜀国第二都"。古城四面环山，一面临江带水，三面山岭围绕，山清水秀、峰峦起伏、流泉飞瀑、人杰地灵、古迹众多、民风古朴。古城的周围还保留着断断续续的城墙，是一座少见的、只筑有三道城门的城池，它不仅以历史文物丰富而超凡，而且以古城区奇特秀丽的风景而脱俗。

　　昭化古城在众多的历史文化中，尤以三国文化著称于世，是三国文化的重要发祥地，见证着蜀汉政权的兴衰。历史上有"蜀汉兴于昭化，亡于剑门"之说。昭化古城在三国时期更是名声大振，三国演义中多场战争也在此发生：张飞夜战马超，

>> Look

老将黄忠、严颜勇退曹兵，姜维兵败牛头山，蜀国大将军病死昭化并葬于昭化，等等。诸葛亮六出祁山伐魏的葭萌古蜀道、张飞夜战马超的战神坝、姜维固守的牛头山寨和姜维井，至今还依稀保存着历史的风貌，真可谓"青山依旧在，几度夕阳红"。

昭化古城，位于历史奇观剑门蜀道之上，是古蜀道的要冲、著名古城场、历代兵家必争之地，也是古驿道上的重要关隘。水陆交通方便，战略位置十分重要，素有水陆码头之称。嘉陵江在城东与白龙江汇合，直通古渝州（今重庆），金牛道穿城而过。

"沿山树色来窗外，彻夜江声落枕旁。"昭化古城依山傍水，风景迷人。位于古城西北方的翼山，北陡南缓，独特优美，为古城龙脉所在。登翼山之上，揽古城风水格局，感悟古城风水灵气。位于古城东南的笔架山，绿树成荫、山色秀丽，传说有美丽的毛坪夜月。位于古城西门外的牛头山、云台山，山削如劈，高耸入云，宛如一擎天石柱，山间森林茂盛，植被丰富，"幽似青城，秀似峨眉"。欣赏山水太极的自然奇观，体验天人合一的精妙，还可追寻三国古战场的狼烟，感悟"滚滚长江东逝水，浪花淘尽英雄"的悲壮。

昭化古城，以其古老的文明孕育着大量的民风民俗文化。拥有川主庙会、城隍会、娘娘会、舞狮、牛牛灯、采莲船、走高脚、吹唢呐、哭嫁等传统节日、传统风俗。此外，还有源于本地且广为流传的传说故事，而《娘送子》《嫁歌》等二百多首昭化民歌，也在民间广为流传。特别是《提阳戏》，是以酬神、许愿为主的傩祭活动，被誉为"古戏剧活化石"并闻名中外。

今天的昭化古城，风采依旧地保留着葭萌古城遗址：巍峨壮观的汉代城墙遗址、绿树掩映的民居院落、古色古香的龙门书院、雕梁画栋的城隍庙、规模宏大的文庙、富于三国特色的君臣园、考棚等。这些，都依稀再现了昭化古城当年的繁华。

▲尽管拥有悠久的历史，但古城文明受现代文明的冲击较小，迄今为止，昭化古城内众多历史文化遗存仍保存完好。

▲登高远眺，古城风光尽收眼底。

▲ 来到这里，吟一首苏东坡的《念奴娇·赤壁怀古》，就仿佛置身三国，恍如与豪杰共饮。

走进昭化城，仿佛进入了一个古老的境界。始建于春秋战国时期的昭化古城，融合了我国南北古代建筑文化，布局合理，时间和空间理性结合，处处体现着古代建筑艺术的精髓。古城"旧系土城"，明正德年间"包筑以石"，共设南门"临江"、东门"瞻凤"、西门"临清"、北门"拱极"四门，城内民房的木结构庭院多为南方风格，雕梁画栋、玲珑别致、古朴典雅、富丽堂皇。参天的古柏大树，掩映着这些古建筑。踏在青石板铺成的街道路面上，沿街道两边的依旧是店铺、茶馆、酒肆，仿若身在几千年前。

昭化古城拥有三国文化垄断性资源，在古城东去7000米处，有鲍三娘墓。墓室尚存，石砌坚固精致，室内幽黑曲折。立于墓前的石碑上，刻着"蜀汉将军关索之妻鲍氏之墓"，这是一座极为稀有的汉代古墓。

昭化古城东门外，嘉陵江与白龙江汇合处的"橘柏古渡"是古今文人吟咏之地，杜甫、杨慎、张问陶等都有题咏。据新旧唐书所载，唐明皇曾幸蜀，"遇有双鱼负舟过津，议者以为龙"的故事就发生在这里。另传唐明皇还在渡口南岸罢兵摆宴三日，故此地至今还有"摆宴坝"之称。

古城西门外，与费祎墓紧紧相邻的还有一座"丁公祠"。丁公，就是丁宫保父子，丁宫保也是四川名菜"宫保鸡丁"的发明者。丁宫保当了四川总督以后，后人便在昭化修了"丁公祠"，现在碑记尚存。

昭化古城一带文物丰富，不少春秋战国、秦汉时期的珍贵文物曾在这里出土，如春秋战国时期的巴式剑、双系铜釜，秦汉时期的钱币、画像、车马砖，魏晋时期的陶器，唐代铜镜以及宋代瓷器等。从发掘出来的文物数量及规模来看，昭化算得上一处名副其实的文物宝库。

昭化古城，璀璨的历史文化名城。

Chapter 3 ● 晨光初现，带你穿越巴蜀文化胜迹

绝色四川

Daduhe
大渡河，万般情思通古今

  站在大渡河的金桥之上，溯江而望，万山千壑沉默不语。蓝天之下，只有萧瑟的风声，正低低吟唱着沧桑的歌谣。"滚滚长江东逝水，浪花淘尽英雄。"滚滚江涛之中，淹没无数风流人物，沉思中增添几多历史凝重。千百年来，随着那潮起潮落，尘封的岁月被一再卷起，直到浪花一去不返，奔流到海不复还。那一刻，便知道，无论是怎样的人生，都不过是一个过客，时光，真的一去不复返了。一丝淡淡的哀愁就这样徘徊在心头，似乎也溅起了无数心中大渡河上的涟漪。

  就在这909千米长，82700平方千米的流域面积中，没有鸟鸣、没有蛙叫，只有汹涌的波涛、奔腾的急流，日复一日地拍打着岸边的岩石，汹涌澎湃，像它从未暗淡过的历史。时光流转中，古老斑驳的城墙上弹痕宛然，面对死亡的前赴后继、愚公移山的万般勇气、夸父逐日的执着精神，终于成就了乾坤之间那股正气的最终凝练。于是，金色的阳光照射在天安门城楼上，在伟大的1949年，一个古老的民族终

Look >>

▲ 于大渡河远眺，那一片沧桑古朴尽收眼底。

◀ 大渡河水流湍急，两岸都是高山峻岭，只有一座铁索桥可以通过，而这座铁索桥，就是当年红军北上夺取的泸定桥。

于笑逐颜开。山川平原、湖泊河流换上崭新面貌，和民族的希望一起，在那光芒万丈的一天站了起来。

大渡河上依旧是悲风盘旋，举目眺望，四周是一片安静，只有滚滚波涛，带着英雄们雄浑的气息奔向浩瀚的海洋。惊涛拍岸，大渡河古老身躯里那奔腾的血液以最豪迈的姿态跨越绵延起伏的群山峻岭，强劲的态度一如革命英雄必胜的勇气，无畏无惧、浩浩荡荡……

强渡大渡河，一场中国革命的生死之战，成就了一个热血传奇。忘却牺牲、不计生死。若没有那样的冒死挺进，怎能让后人如此骄傲地提起英雄们的万般勇气？若没有那比钢铁还要坚韧的必胜信念，后世，必然又留下无限遗憾。每次来到大渡河的铁索桥上，就会想起那时战士们为中国革命的胜利所历经的艰辛。

逝者如斯。今日，站在这往日的风景之中，抚摸铁索桥，面对脚下奔流不息的大渡河，还能依稀感到旧时历史的斑驳气息。看那岸上的车水马龙，看那繁华世间，曾经的困苦渐渐褪去，留下的，是人们如春风般灿烂的笑靥。大渡河依旧沉默不语，似那无数埋身青山的忠骨，在奔腾的时间长河里，激起小小洁白的浪花，在阳光的照耀之下，折射出绚丽的彩虹。

▲ 威严雄壮的剑门关城楼

Jianmenguan

剑门天下险，天下第一关

　　在北起西安，南至成都的沧桑古道上，有一处中原通往西南的咽喉要道，这就是位于四川广元剑阁县境内的剑门关。远古的四川盆地是一个内海，后因地壳运动，海水下沉，巨石隆起，形成了现在的坚硬砾岩，山体耸入云霄，峰峦似剑，大小两剑山对峙，其状如门，故称"剑门"，又称"天下第一关"。

　　剑门关扼守四川的北大门，是古蜀道上最为险要的关口，号称"一夫当关，万夫莫开""天下第一关"。剑门关自古便是兵家必争之地，据说凡有志于蜀中称王者，必先攻下这个天险。剑门上绵延百里的特大砾岩寸草不长，似铜墙铁壁的天然城郭，把自秦岭而来的千里群山横阻于此；也如排天巨浪，汹涌澎湃，阻断自中原而来的步履；更像一群飞驰的骏马，多少英雄豪杰望山而兴叹却步！神奇的是岩

▲ 远望剑门关，大小剑山峰峦耸翠，两旁断崖对峙如门，颇有"一夫当官，万夫莫开"的气势雄魂。

壁，虽寸草不生，但峰顶却翠绿欲滴，这便是所谓的"剑门无寸土，云环耸翠之"。

伫立在剑门关前，仿佛面对一部恢宏的历史巨著，一种博大深厚的气势迎面扑来。这个异常凶险的古战场，自然风光壮美，既有剑门山势峥嵘的七十二峰，又有石笋怪洞曲径通幽，更兼得清泉淙淙，美不胜收。每逢夏秋清晨，雾海翻滚，群峰如蛟龙戏水于沧海之中，见首不见尾，奇幻迷人；若再有细雨飘洒，则青山锁烟雾，细雨骑驴入剑门，好一个"风景如画"。剑门山脉中最高的山峰是五子山，海拔高达一千多米，五山陡峭尖圆，山脚之下各生一洞。雨后峰高云深，五个山洞各有特色，变化多端，素有"五子晴岚"的称赞。

剑门关的风是一种极具性格的风，常年不休止，带着些毫不妥协也毫不退却的倔强。千年的风裹挟无边的寒冷，掠过远处矗立的云台山、峻峭的摩天岭、莽莽的桃花峰、险拔的飞逍遥峰，带着凉意扑面而来。登上关楼，远眺长安，逶迤秦岭一览无余，历史的硝烟犹在眼前；伫立峰巅，松风浩荡，剑门雄姿鬼斧神工的数百里山川尽收眼底；俯视剑溪河岸，川陕公路犹如一串闪光的珍珠，成队的汽车就像无数爬行的蚂蚁。

剑门关集汉、唐、宋、清文人骚客于一地，从古至今，一直弥漫着浓郁的人文气息。且不说五丁开蜀道的脚印、梁武帝修道的舍身崖，不说古栈道遗迹、诸葛亮北伐点将台，不说唐明皇幸蜀的安乐泉、红军攻克剑门关的战壕刻石，单单是李白"危乎高哉，蜀道之难，难于上青天"的叹息，杜甫"惟天有设险，剑门天下壮"的赞誉，白居易、岑参、骆宾王的千古文章，就足以看出剑门关的文化底蕴，甚至连唐明皇当年避难之时，也不忘临风吟出"翠屏千仞合，丹嶂五丁开"。

Chapter 3 ● 晨光初现，带你穿越巴蜀文化胜迹

>> Look | 125

Mianninglingshan
冕宁灵山, 香火缭绕

去过冕宁灵山寺的人都是因为那里的香火。传说，冕宁灵山寺特别灵验，几乎是有求必应。于是，每个来游灵山的人，都怀揣着这个让他们深信不疑的美好憧憬，踏上这方圣土。

有人说，这里的"灵"源于灵山的风景。因为风景的独特，神仙到了都不愿意再挪动脚步，燃灯佛在这里修行，五百罗汉在这里神游。山中的寺庙，理所当然地被称为"灵山寺"。

距离冕宁县八千米左右的灵山，与著名的西昌卫星发射中心同出一县——冕宁县。在县城边，一片深山老林中，灵山便隐藏在那里。一直以来，灵山寺因其罕见的"佛道儒"三教合一而形成了终年旺盛的香火和宏大的建筑规模，被香客游人百般供奉敬仰。不知是寺庙保佑了香客还是香客成全了寺庙，"有求必应"

▼ 雾气缭绕的冕宁灵山

▲ 山中静谧而祥和，登临佛顶，北可望雪山雪景，西可眺安宁河两岸沃野千里。

▲ 于灵山后山景区极目远望，众多湖群星罗棋布，形色各异，似珍珠镶于锦绣，若明珠映照秀色。

成了这里的无字招牌。

自古灵山多秀美。纵观全国各大灵山，总是一片繁茂与娟秀，似乎是因为灵山之灵，那灵气时刻滋润着山中土地，才有了风景优美、气候宜人之说。再加上那些光怪陆离、有依有据的神话传说，更显出一丝诡异之气。

相传冕宁灵山寺建于清代乾隆年间，是整个攀西规模最大的寺庙。主题建筑中，大雄宝殿气势不凡，不只宽敞明亮，且庄严肃穆。在殿中央，释迦牟尼佛像被高高奉起，两边是十八罗汉护法。在后殿，供奉着灵山寺的开山祖师悟真和尚杨学信的木雕。

据说，全天下的韦陀皆是清一色的站立姿势，唯有灵山寺的韦陀是坐像。有人说，这是因为灵山寺自古便是清净之所，无须韦陀庄严而立。也许，它的灵，与这有着千丝万缕的关系。

寺庙最前面，琉璃瓦大门清晰可见，以正殿的天井为最中心，可以看到两边众多的房舍，加之左右前后相连，便成为一个建筑群。山边，6棵参天古松巍峨而立，年逾二三百年之久，而这6棵古树，便是灵山寺最为主要的标志物。

相传，清乾隆四十七年（1782）时，杨祖师来到冕宁，听说这里是燃灯修行的地方，便常驻于此，边修行边建寺院。若不是"文化大革命"，杨祖师的肉身也许能保存至今。清嘉庆九年（1804）二月，他离开人世，端坐而寂时，依然满面红光，好像还是鲜活的一般。弟子们将他的肉体放在佛堂，长期供奉伺候，直至肉体全部干却，再没有腐朽。有人说，在没有添加任何防腐处理时便存放了一百六十多年，若不遭遇劫难，必然会留至今日。或许，正因为杨祖师的佛佑，才有了之后灵山寺不断的香火。

香烟缭绕，纸灰翻飞。无论香火如何延续，都是因为对人的期望又多了一些。熙攘的人流，厚重的历史，在灵山寺的记忆中，皆化成一抹淡淡的轻烟。

Chapter 3 ● 晨光初现，带你穿越巴蜀文化胜迹

三星堆遗址探秘：
不曾消亡的古蜀文明

> 山不在高，有仙则名；水不在深，有龙则灵。巴山蜀水原便钟灵毓秀，山水之间，不知道有多少古老的传说在流传……岁月流觞，风云激荡，历史的丹青不知多少次将巴蜀的壮丽勾勒。邂逅四川，隽美明媚的风景固然令人向往，凝固着时光的远古遗迹同样令人渴望，譬如，那氤氲着古蜀神话色彩的三星堆。

世界**第九大**奇迹

千载沧桑多变幻，巴山蜀水道妙真，西南大地上自古便有着太多太多的佚闻与传说，神秘的古蜀文明更为川人津津乐道，但多年来，因为缺乏书面记载与实物考证，古蜀文明一直都流传于传说，直到三星堆遗址被发现，曾经的传说终于被定格为信史。

1929年7月18日，四川省广汉市南兴镇的一位农民挥动了手中的锄头，之后，伴随着"叮当"一声响，考古界平地起惊雷，两座大型祭祀坑的发现，千余件精美文物带着原始的沉厚气息出现在了人们面前。

三星堆古文化遗址是长江中上游文明的中心，中国最古老的文化源流之一，也是西南地

▲ 广汉三星堆遗址博物馆

区发现面积最广、延续时间最长、文化内涵最丰富的古城、古国、古文化遗址，因为其考古价值、文化价值、历史价值之高，遗址规模之壮观、文化之神秘，被誉为"世界第九大奇迹"。

古蜀遗风，人间神国

据碳十四检测，三星堆遗址距今4800～2600年，相当于中原的新石器时代到春秋早期。

两千多年的时间里，从文明的孕育、诞生、发展到盛极而衰，古蜀国仿佛经历了一个完整的轮回，两千年文明的衍变，在三星堆大大小小的遗址与出土文物中留下了足够鲜明的印记，单单这种衍变本身就是世所罕见的。

古蜀之地不算偏僻，但关于它的记载委实寥寥，是以，关于三星堆古蜀文明的各种探索与考证一直层出不穷，众说纷纭，见仁见智，但不可否认的是，古蜀国其实是一个古老的神权国家。神权与王权并存，古蜀国内，神话色彩非常浓重，人神合一、人神崇拜屡见不鲜。

在三星堆出土的文物中，有三件青铜纵目面具，两小一大，其中最大的那件，脸部轮廓呈方形，双眼细长，眉峰上挑，鼻短口阔，一双眼睛呈柱状向前纵向凸伸出16厘米，桃尖状的双耳向外侧舒展，造型夸张奇特，意态飞扬。相传，它与古蜀文献记载中的蜀王蚕丛的

>> Look | 129

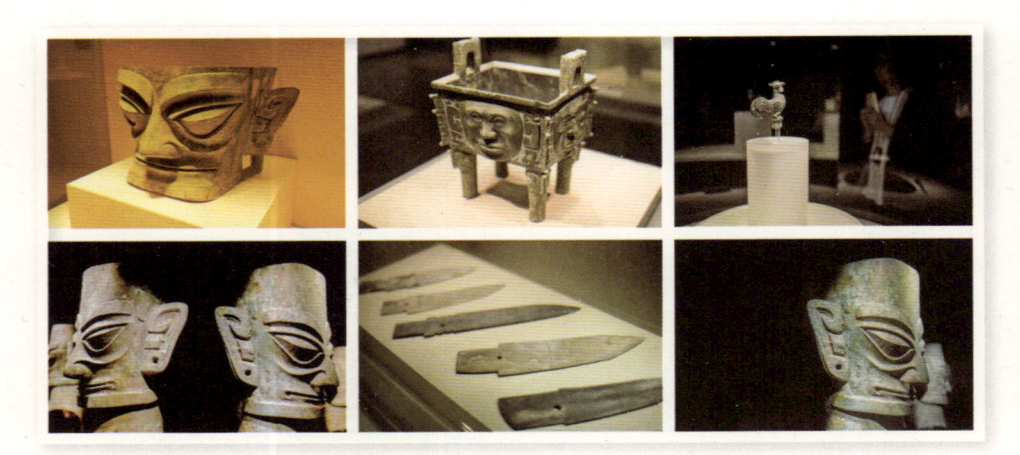

形态特征非常相似。而"纵目"的蚕丛在古蜀传说中也是有着大神通的绝世人物,"千里眼,顺风耳"的造型不过是先民对其形象的真实刻画。当然了,关于这一点,争议还很大,但很显然,这的确是一件有着人神合一色彩的面具,并且,是古蜀先民的祖先造像,见微知著,由此可以想见,当年的古蜀国是何等的神秘绚烂?或许真的有呼风唤雨、驾雾腾云的大人物也说不定。

另外,在三星堆文化遗址中,还出土了一根黄金杖,杖长142厘米,直径2.3厘米,造型精致,杖上雕刻着两个头戴高冠的人像,一支箭,还有一对栩栩如生的鱼鸟纹。图案的意义我们不得而知,也许是图腾,也许是族徽,也许是某些具有特殊意义的符号,但很显然,这根金杖是一根象征着权力的权杖,而且是一件通天的法器,与古埃及、古巴比伦文化中的法老权杖、祭器等十分相似。同处神秘的北纬30°,相似的权杖与祭祀文明,是巧合吗?这等待着我们去考证。

除此,三星堆中还有许多带着"神"之色彩的器物,譬如诸多的神像、祭器、礼器,代表神祇的面具,造型奇特、与真人类似、以不同的服饰、姿态表现出不同"神通"的巫师,还有各种古老奇异的动植物造像等。凡此种种,三星堆似乎也的确配得上"人间神国"的美誉。

青铜铸就的绝世璀璨

古蜀神国的政治形态、宗教形态、社会形态究竟是怎样的,玉垒云障,真假难辨,莫衷一是。但透过实实在在的实物,我们却能亲眼见证属于古蜀的另一番绝世璀璨——青铜文明。

三星堆遗址十分庞大,粗略的可分为"宝墩文化"遗址、"青铜文明"遗址和"十二桥文化"遗址三个阶段,其中,青铜文明一直都占据着主导地位,异常璀璨。

遗址中出土的各类青铜造像多达数千件,件件精美,形态各异。深青色的铜带着远古的气息,据检测得知,青铜的纯度很高，可见，当时古蜀国的金属冶炼技术定然十分高超。而且，这些青铜造像雕刻细腻、栩栩如生，有着各种不同的形态，如酒具、犁铧、雄鸡、猛虎等，由此可推测，当时蜀地的农耕文明、雕刻艺术、酿酒工艺等也发展到了一定的程度。

三星堆遗址中出土的最炫目的一件青铜文物，其实是一件青铜神树。树高384厘米，有三簇树枝，每簇树枝又分为三枝，一共九枝，每一枝上都栖息着一只神鸟，边缘处还有一条神龙缘着树枝迤逦而下，颇符合中国古代传说中"九鸟居下枝"的"扶桑神树"形象。

若有机会，不妨去三星堆遗址博物馆亲眼看看。

三星伴月，谜团依旧

三星堆遗址博物馆位于三星堆遗址东北角，鸭子河潺潺的流水悠然环绕在侧。博物馆建于1992年，馆内收藏着数以千计的三星堆文物，青铜器、玉器、石器、骨器、陶器、黄金权杖、纵目面具、青铜大立人像、青铜神树、太阳轮、神巫群像、牙璋等珍贵文物皆被囊括在内。漫步三星堆博物馆，就仿佛走进了远古时代的蜀国，在历史的流转中，一点点窥探着那已经消亡的真相。

古蜀的未解之谜实在是太多太多了，哪怕是有着三星堆最真实的鉴证，世人却依旧只能是雾里看花。

三星堆文化源于何处？三星堆遗址的先民是何种族？三星堆古蜀国是何种意识形态、宗教形态？三星堆的青铜文化是怎样诞生的？其高超的青铜冶炼技术源于何处？古蜀国何时诞生又因何会突然消亡？三星堆出土文物上镌刻的图画、文字又有何意义？

亟待破解的谜团委实太多，或许，随着考古研究的深入，未来，这些谜题会被一一解开，但对现在的我们来说，三星堆却仍旧是一个如遥远的星际文明般神秘不可测地存在。走近它、探索它、以最纯粹的眼光发现独属于它的秘密，也是我们邂逅四川的一种乐趣所在。所以，还等什么呢，背上背包，带上一双能发现秘密的眼睛，来三星堆吧，也许，你就是那个能解开古蜀千年之谜的有缘人呢！

>> Look | 131

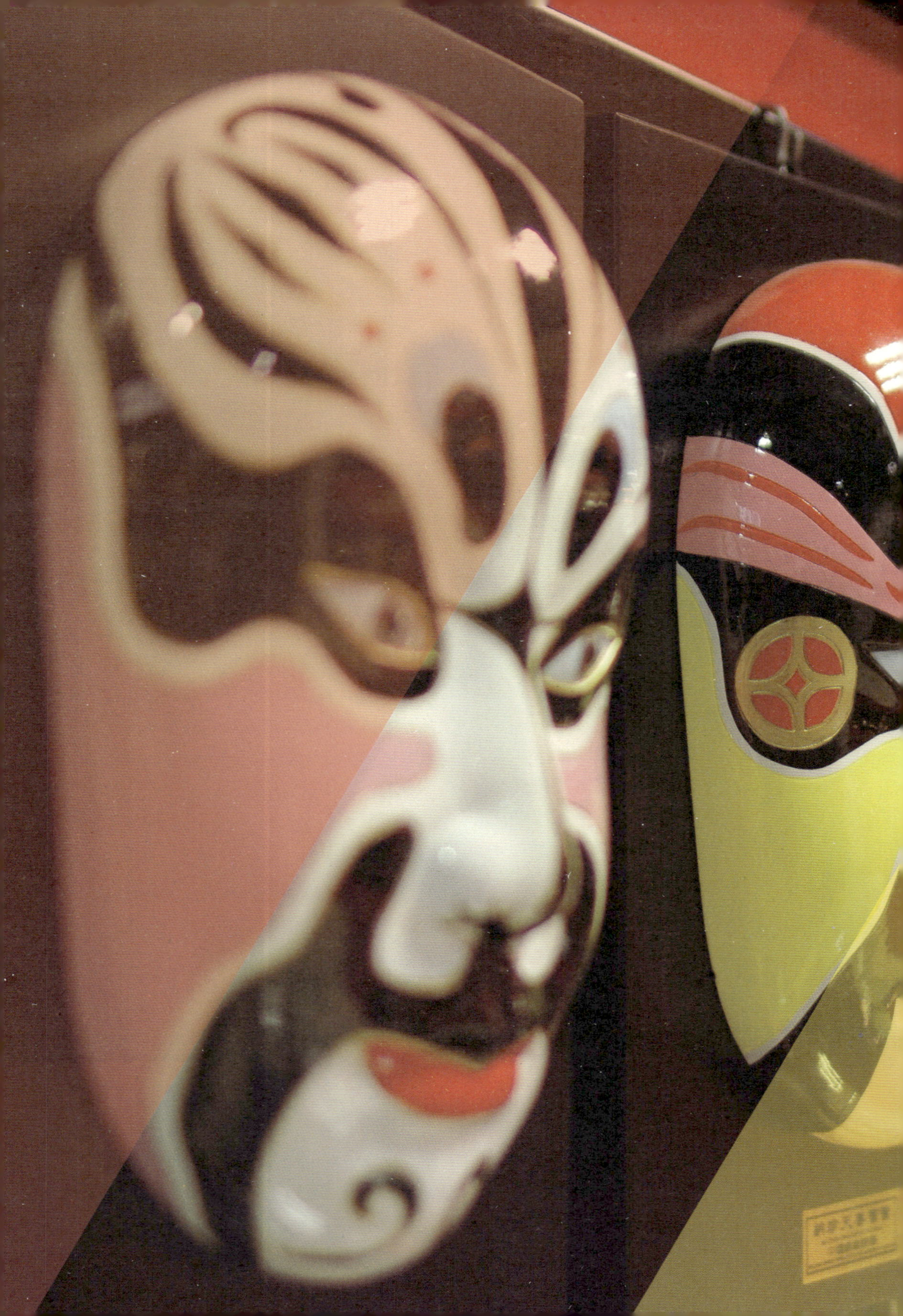

Chapter 4

西南风情，**烟笼人家**

绝色四川

▲ 阿坝藏族羌族自治州若尔盖草原

Aba

阿坝探秘——一场唯美的遇见

  阿坝原本叫"阿娃",藏语意为"阿里人居住"或者"阿里人开发的地区"。唐太宗贞观年间,赞普松赞干布以武力攻陷松潘以向唐王朝求婚,吐蕃阿里地区的百姓沿路迁徙,在这里游牧耕作并开始定居繁衍,他们自称为"阿里娃",简称"阿娃",就是现在的"阿坝"。阿坝地处四川省西北部,青藏高原东南缘,境内雪山雄伟壮丽,森林茂密绵延,草原宽广辽阔,江河纵横交错,自古以来就是兵家必争之地。

Chapter 4 ● 西南风情，烟笼人家

在长江与黄河上游的分水岭处，横卧的青藏高原随地势逐渐向四川盆地过渡，阿坝恰恰处于两者的交接点上。于是，阿坝既有横断山脉的高原地貌，与世界自然遗产九寨沟和黄龙风景区隔山相望，有壮阔的高山峡谷，岷江大峡谷自西向东来，流泉飞瀑穿行其间；又有四姑娘山风花雪月的诗情画意，有九曲黄河第一湾万马奔腾的粗犷激情；还有憨态可掬的大熊猫，世界罕见的珙桐活化石……好一片人间少见的静谧乐土。530条河流，540个湖泊，2980座山峦，藏灵山秀水于胸怀，蕴人文精神于心中，被世界旅游专家誉为"世界生态旅游最佳目的地"。

阿坝的清晨空气格外清新，站在曲折的盘山公路上，视野顿时变得开阔。高高耸立的雪山顶着四季不化的雪帽，山间云雾缭绕，如梦似幻，天地的界限在远方消失，单独的个人变得如此渺小。山脚下广袤的草原，东西走向的阿曲河谷在这里伸了一个大懒腰，变得异常平坦和舒展，云卷云舒，倒映幽蓝幽蓝的湖面，堪比一曲天籁之音。千百座各式各样的藏式民居与神圣的寺庙建筑群错落有致，如同无意散落在人间的玩具，看似随意的拼凑构造，却自有一番韵味在里面。冬去春来、花开花落，浑然不知天上人间，今夕是何年！

作为一个游牧部落的温暖家园，阿坝的历史格外悠久，早在远古新石器时代就有人类定居。那时的人们一年四季拖着牦牛帐房追赶时间，随季节变化而四处迁徙。一个名为神座的小村落是阿坝最为原始的村庄，也是最为古老的寺庙，集雪山、海子、草原、湿地和原始森林于一体。在千百年的悠悠岁月中，神座背靠阿坝草地，南依嘉绒山区，一直保留着原始的自然生态，至今仍未经任何现代文明的浸染，至美至纯。

阿坝的宗教氛围极其浓厚，丝毫不逊于西藏。在这里，信教的人非常多，整个县城近乎一座活体宗教

▲ 阿坝草原上的野花

>> Look | 135

阿坝州红原县月亮湾风光

博物馆。唐朝时就有43座喇嘛庙，其中以格尔登寺最为壮观。每年正月十四日是晒大佛的日子，成千上万名信众与喇嘛在此云集，烟雾透过阳光，和佛光一起四处弥漫。

在路上，随处可见的藏族群众，手里都摇着一个或大或小的转经轮。在寺院，长长的转经走廊里，转经人更是络绎不绝，无数五彩缤纷的转经轮日夜不休。从人们睁开蒙眬的睡眼，到暮色苍茫的夜晚，转经轮从不休止。一些年老的虔诚信徒甚至昼夜不停歇，念着六字真经，对着昏黄的烛光一直转到天亮。或大或小的转经轮里，寄托着他们无限的希望：愿死者安宁，为生者祈福。希望这一圈圈永不停歇的转经轮能够感动上苍，为虔诚的百姓带来幸福，一如他们永远祥和宁静的生活。

阿坝人常年生活在高山、草原和峡谷地貌的集合体上，农耕文化与游牧文化并存。勤劳智慧的阿坝藏羌民族，在艰苦的环境中创造出了丰富多彩的民俗风情，民族服饰，羌族刺绣精妙绝伦；锅庄舞、藏族山歌包罗万象；寺院藏碉，文物名刹不胜枚举。一石一木，一砖一瓦，无不令人陶醉地浓缩和再现了藏、羌族先民的独特感悟和聪明才智。

在阿坝，你永远处于享受和失意的矛盾中。阿坝阳光透明，河流清澈，但那却都不属于你，离它越近你就觉得离它越远。只能观看，而不能进入；只能感受，却无法拥有。这，就是阿坝，一个绝美的旅游王国。

▲ 充满神秘感的羌族传统建筑

➤ Qiangzu

云朵中的民族——羌族

▼ 身穿羌族传统服饰的祖孙俩

羌人，最早载于甲骨文卜辞中，意指西方牧羊人。这个民族几乎和华夏一样古老，他们带着原野里野性的气息出现在历史的舞台上。直到元代末期，铁木真家族的铁蹄席卷天下，党项羌所建立的西夏王朝在战火中覆灭。之后，他们渐渐沉寂，隐入了与世隔绝的山林之中，真正的羌族，只留下了模糊的背影。

今日的羌族聚居地在四川省阿坝藏族羌族自治州的茂县、汶川、理县，绵阳市北川羌族自治县等川西北群山之中。这些地方多山高地僻、与世隔绝，而羌寨一般都建在半山，故而羌族也被称为"云朵中的民族"。在漫长的岁月里，纯朴简单的山地生活形成了羌族独特的民风民俗。座座相连的碉楼、转悠的水磨、身着盛装的妇女……浓郁的羌族风情在云朵之间飘浮。

对羌族人来说，有歌必有酒，有酒必有歌。羌族特有的古声部民歌，已有上千年的历史，可以说是我国民族音乐史上最古老的一种唱腔。在每年农历五月初五的瓦尔俄足节上，那些仅靠祖祖辈辈口传心授的旋律或哀怨、或悲怆，即使听不懂唱词，也会被这虔诚沧桑的唱腔打动，体味到沉重的历史感。在这个民族古老的传统节庆活动中，为了祭祀天上的歌舞女神莎朗姐，全寨的羌族女性们都会一起出动，载歌载舞，一派喜庆热闹的景象。绚丽多姿的服饰、粗犷奔放的舞蹈，大有淳朴厚重的古代遗风。

"羌笛何须怨杨柳，春风不度玉门关。"说到羌族的音乐，就不能不提羌笛。羌族乐器中，最著名的首数羌笛。东汉许慎在《说文解字》中就曾记载道："羌笛三孔。"唐代的《乐府杂录》说："笛，羌乐也。"近代流行于四川羌族地区的羌笛，管身大多是由竹或骨制成，竹是岷江上游的油竹，削成方形；骨是羊或鸟的腿骨。羌笛的音色明亮柔和，徐缓悠长，牧人常于山间吹奏自娱，清脆高亢，哀怨婉转，听来有悲凉之感，使人恍如回到了唐朝荒凉的西北边塞之地。

羌族的汉子大多海量，但从不酒后滋事。羌族人以特有作物青稞为主料，或以大麦、小麦、玉米为原料，精心酿制出一坛坛的青稞咂酒。独特的饮酒方式是喝咂酒，酒是酿好的青稞酒，封在坛中，饮酒的时候，主客轮流用细竹插入坛中吸吮，边饮边加清水，直至味淡。羌族民间还有"重阳酒""玉麦蒸蒸酒"等，大人小孩，妇女老人，无酒不欢。

羌族人能歌善舞，《汶川县志》说，羌族人"丧葬有丧葬曲，相互舞蹈，以示悲欢，盖古风尚存也"。民间舞蹈主要有"跳萨朗"（羌族锅庄舞）、"跳盔甲"（又名"铠甲舞"）、"跳皮鼓""仁木那·耸瓦""莫恩纳沙"等。民俗宗教祭祀活动中，这些舞蹈以羊皮鼓、手铃等打击乐器伴奏，形式多样、内容丰富，舞者分列对阵而舞，足见粗犷古朴的原始乐舞风情。

茂县、汶川、理县……这些与"5·12"汶川特大地震紧密联系在一起的名字让我们对这个善良而坚韧的民族充满了敬意。让我们双手合十，为这个把命运和土地紧密联系在一起的民族祝福，也为永不消逝的羌族民俗文化祝福。

绝色四川

Taopingqiangzhai
桃坪羌寨，神秘的东方古堡

桃坪羌寨，羌语意为"楔子"，一座以羌族古寨和古碉楼群闻名的古寨。依山傍水，土沃水丰，人杰地灵。它用古朴浓郁的民风民俗、神奇独特的羌族建筑、天然地道的羌族刺绣和奔放自然的羌族歌舞，向世人诉说着一部迷离的羌族史。

历经战乱的桃坪羌寨，最终还是被完整地保存了下来。羌寨背山面水，坐北朝南，布局严密工整。结构严谨的羌寨浑然一体，屋屋相连，户户相通，远望呈八卦形布局。羌寨依然保留着原始的传统文化，寨子里至今仍然居住着98户"格尔麦阿

▼汶川地震前的四川理县桃坪羌寨

嘎"——这在羌语里是"古巷人家"的意思。

勤劳、善良、淳朴的羌族，自古就拥有砌石修房的精湛技艺，至今仍然保持着古朴原始的羌族风情。桃坪羌寨"依山而建，垒石为室"。寨前杂谷脑河水奔流而过，两座耸立的土舍雕，与对岸山峰上的烽火台遥遥相望。构思独特的羌族建筑，为防御敌人侵略，把所有住房都互相连通。另外，古羌先民修建暗沟引山泉从寨内的房屋底下流过。因此，在极具人性化的寨内，常可闻一股水声叮叮咚咚流过的声音。

步入桃坪羌寨，便走进了羌寨民族，映入眼帘的是历史悠久、参差交错、神秘古朴的羌族建筑。领略浓郁的羌族风情、感受羌民族古老的历史、品尝醇香的青稞酒、体味羌民族神秘的文化、品尝风味别致的羌族餐饮、观赏热情奔放的羌家歌舞，谁能不被这个民族自强不息的精神所感动？

桃坪羌寨，这片位于高山山腰、保存完好的泥石杰作，靠近溪流，远望如一片黄褐色的石屋顺陡势依坡逐渐上垒，高低分明，错落有致，其间碉堡林立、气势独特。这片不绘图、不画线而全凭良好的眼力砌石垒木的建筑，坚韧古朴却结构匀称，棱角分明而雄伟坚固。别具一格，一气呵成地把整个山寨连成一体，令人叹为观止。

碉楼作为整个寨子的标志性建筑，由于历经战事、灾害的摧残，目前仅剩下两座，一座是陈仕明的住宅，另一座雄踞在寨子对面的河岸上。深幽而神秘的巷道介于墙体和墙体之间，由于一些巷道上搭建了房屋，于是便有了无数暗道，进入其中就仿佛走进一个深深浅浅、迂回曲折的迷魂阵。

2008年，突如其来的"5·12"汶川特大地震虽然并未完全将这里夷为平地，却使这里数座高耸的古碉楼遭到严重毁坏。如今，失去了古碉的桃坪，再也见不到那昔日熟悉的群楼身影，留下的，只是深深的扼腕和叹息……

▲ 羌寨是羌族建筑群落的典型代表，寨内黄褐色的石屋顺陡峭的山势逐次上走，被称为神秘的"东方古堡"。

绝色四川

Chuanju
川剧，油彩下的曼妙多姿

　　都道是"戏如人生，人生如戏"。在油墨重彩之下，武侯祠堂内的大戏台上，英雄美人、将相王侯，时间恍然还在那个天府之国的锦城。浓厚的三国及巴蜀文化氛围、长逾30厘米的大铜壶穿梭于小小茶碗之间，台上演尽了人间的悲欢离合，台下品味着人生的酸甜苦辣。

　　曾经的锦官城——成都，每条大街小巷上都会有两三家茶馆，闲暇时分，悠闲的市民们带着鸟笼，哼着小曲儿，花上三毛钱泡碗"三花"，就可以舒舒服服地欣赏一出折子戏。生活里的插科打诨、市井中的诙谐俚语、传说中的才子佳人，都在

▼正在表演中的川剧艺人和他们的"脸谱"

▲ 川剧表演的舞台上会聚了大批表演精英，他们会在离你很近的地方将不同的脸谱瞬间展现在你的眼前，会吐出熊熊大火，那种感觉，无以言表。

这最世俗、最平民的茶馆的小小舞台上上演。走江湖的艺人们大都出身贫寒，出师了就开始在茶馆唱戏。

川剧虽是扎根于草根平民，却没有丝毫怠懒松懈的样子，唱念做打、青衣小旦、金丝银线、绘龙描凤的蜀绣戏装，巧夺天工。光彩夺目的头饰，精致复杂；声裂金石的高腔，高亢激昂；奇诡莫测的变脸，舒展优雅的水袖……

川剧大多是喜剧，然而极喜极闹的表演背后，往往是极苦极悲的故事。越是喜越让你觉得悲凉，越是闹越让你觉得凄惨。欢喜化为虚空，闹剧变成悲哀，那些曾经被重压在社会底层的民间艺人，无声地挣扎和无奈地隐忍着。

川剧，以嬉笑怒骂的方式嘲讽着人世间所有的艰辛与不快。

▲ 四川甘孜藏族聚居区

Zangzu

最接近天堂的民族——藏族

  这里地处横断山脉深处，雪山圣洁，白云舒卷，自古以来就是偏远的天涯。传说中，在公元6世纪时，吐蕃王朝屯军川西高原，与大唐的军队对峙，两军相遇之后，剽悍善战的吐蕃军队取得了这场战役的胜利，吐蕃王朝继续挥师东下，而这支打了胜仗的队伍却被大部队留在此地驻守。一天天、一年年，松赞干布的整个东征都结束了，大部分的士兵都相继被召回，而这支队伍，却始终没有接到任何回家的指令，他们被永远地遗忘在这片异乡的土地上。这是一个忧伤了一千多年的故事，在藏兵们的心里，故乡的影子在思念的泪水中渐渐模糊。

  高山密林之中，他们建造起一座座碉楼组成的藏寨，古老的碉楼大多依山而建，栋栋相通，户户相连，以一种奇特的方式与自然和谐地融为一体，历经千百年依然凌空屹立。这，就是如今的川西藏族。

  在川西的苍凉大地之上，处处可见在风中猎猎翻飞的五彩经幡。这里居住的藏族人，非常虔诚地敬畏自然和神灵的力量，在他们的观念里，万物都是有灵的。山有山神，水有水神，树有树神。他们并不是山林的主人，真正的主人是神灵。正是由于有藏族人这种虔诚的呵护，香格里拉在漫长的岁月里保住了绝美的容颜，成

▲ 来过四川境内藏地的旅人，都被雪域高原雄伟壮阔的风光所震撼，同时，也被藏族人浑然古朴的民风、乐观旷达的性格所吸引。

了无数人"心中的日月"。这是一个有灵魂的民族，他们相信世外的香巴拉主宰着众生，也相信那些神山能带给族人幸福。在通往圣山的路上，无数的信徒额头磕出了鲜血，眼中闪着光芒，身体匍匐在朝圣的路上，灵魂无限接近大地。

因为信仰，这个民族的节日大多带有浓厚的宗教色彩：四月十五日是释迦牟尼诞辰，因而在这个月里，藏族人都要朝佛念经，磕长头，禁止屠宰牲畜，积功德，并转山祈福。而藏历的七月一日开始，是为期4~5天的雪顿节。时值三大寺夏季法会之期，罗布林卡会演出古老的藏戏，藏戏服饰华丽、舞姿繁复，充满了神奇而庄严的隐喻。藏历十二月二十九日是驱鬼节，各寺会举行跳神活动，整个跳神活动会严格按照宗教仪式进行，简单古朴、激烈奔放，又带有浓厚的原始宗教色彩。

在这片美丽的土地上，高低错落的喇嘛寺以其辉煌的建筑、琳琅满目的法器、千姿百态的佛像、精美绝伦的雕塑和浩如烟海的文献藏书普度着藏族人善良的灵魂。一座座神山巍峨高耸、极目云外，为善男信女们带来绝尘归神的感动和安宁。

极端的生存环境，培养了藏族人单纯而丰富的生活态度和内心世界。城市中的我们早已习惯让欲望在无法尽止的矛盾中膨胀，习惯怀疑和谎言，但是在这里，常常看见男男女女在坝子里自发地围在一起即兴舞蹈，当地叫作"耍坝子"。在康巴藏族聚居区，藏民生活中有三件大事：一是饮酥油茶，二是念经，三就是耍坝子。

藏族人大多热情好客，常常鼓励和欢迎素不相识的人一起来跳弦子舞，藏族人友好、外向、热情的天性，充分表现在他们的舞蹈之中。生动、鲜明、热烈的藏族舞蹈动作优美，简洁端庄，让人情不自禁地想参与进去。周围的小伙子唱起高亢辽远的藏歌，歌声穿透寰宇，给人一种无限的时空感和高远、坦荡的内心感受，如同高原上飘扬的经幡，直达灵魂深处。

Chapter 4 ● 西南风情，烟笼人家

>> Look | 145

▲ 甲居藏寨朴素动人的春色

Jiajuzangzhai

甲居藏寨，嘉绒藏族的桫椤秘境

在号称"千碉之国"的丹巴，无论是在山坡、河谷，还是在高高的山顶，各式碉楼都随处可见，而甲居藏寨正是其中优秀的代表。当弯曲险峻的盘山公路将我们的向往从大渡河畔带到高高的山岗，呈现出向阳的高坡上分布着红、白、黑三色相间的小楼，炊烟隐隐地萦绕在白塔和彩色经幡之间，寨子背靠皑皑雪峰和茂密的森林，碧绿的大金川河在谷底奔流不息。进入甲居，仿佛进入了一片令人神往的桃花源。

甲居，藏语指"百户人家"。甲居藏寨，位于四川甘孜丹巴县境内，从大金河谷层叠地向上攀缘，一直顺势延伸到卡帕玛群峰脚下。放眼眺望，神奇的卡帕玛群峰，犹如一位敞开宽大温柔胸襟的慈母，抚摸着安然躺在怀中的山寨。

甲居藏寨像群星般撒落在缓坡上，依山倾斜，起伏向上。或星罗棋布、或稠密集中、或高悬山崖、或在河坝绿茵间，不时烟云缭绕，摇晃变幻，虚幻迷离，真可谓"别有天地非人间"。藏寨对岸的绝壁凌空笔立，纵横连绵的群峰像看不尽的画廊，诉说着美丽动人的神话故事。

甲居藏寨独具特色，虽时过境迁，发生过一些局部的变化，却仍完整地保存了嘉绒民居的基本特征，似乎并没影响到自身的传统风格和后代的藏族风韵，比如原始材料的使用，原始技术的采用，传统风貌的保持。寨楼一户一幢，一般坐北朝南，有的拥簇成群、相依相偎，有的远离群楼、孑然独立。另外，由于受传统文化影响，有的寨房至今还建有低矮的围墙，保留着远古先人住"穹庐"的习惯。

藏寨中红色的为屋檐及部分木质构架，只有在二层以上的墙体才是白色或与白色相间的原色。建筑物看上去犹如盘腿正襟危坐的佛教徒诵经时的姿态，造型别具特色，极富层次感，且色彩亮泽，与蓝天、白云、绿树、青山等相互衬托，让人恍入仙境。

甲居藏寨四季异彩。春天，寨房四周簇拥的果树吐绿滴翠，姹紫嫣红，似乎融进了花的海洋；盛夏，寨楼深藏在万绿丛中，在微风徐来、碧涛翻滚时若隐若现；金秋，山寨景色纷呈，褪绿变黄的树叶、金灿灿的玉米、串串红辣椒、挂满枝头的水果；冬季，寨楼才全部露出脸庞，游人才可以尽情一睹它的风姿。

依照传统习俗，每年春节前夕，当地人会用以"白泥巴"为主要原料煎制成的白色染料，精心涂染上寨楼墙面，使得整个藏寨像是披上了洁白的盛装。白色主色调巧妙地搭配上绿茸般的背景，把古老而神秘的风水学说与浓厚的宗教文化融合为一体，完美地体现着"天人合一"的境界。

▼ 清晨，和煦的阳光照射着古朴的藏寨。

▼ 一幢幢藏式楼房散落在绿树丛中，或星罗棋布，或稠密集中，或建在高山悬崖上，与山谷遥相呼应。

Chapter 4 ● 西南风情，烟笼人家

>> Look | 147

绝色四川

在**螺髻山**，望见时光流转
Luojishan

"峨眉淡远萦翠色，螺髻轻堆蕴芳菲。"

邂逅螺髻山，或许只是个偶然，但驻足之后，便再也不愿离开。

位处四川省凉山彝族自治州普格县的螺髻山是国家4A级风景名胜区，纵横2400平方千米，千峰叠翠、山环水绕、风光旖旎、得天独厚。山间，玉雪蓝冰、翠树繁花、温泉宛转；山上，浮光跃金，云蒸霞蔚，山麓溪水潺潺，花香馥郁，虽非绝美，却令人流连无限。

古冰川上的蓝色梦幻

螺髻山与峨眉山齐名，是四川省内闻名遐迩的名山。山上，芳菲处处，其中，最耀眼、最绮丽的自然要属其冰川景观。

螺髻山是国内罕见的、完整保存着第四纪古冰川风貌的山地之一，号称天然冰山博物馆，素有"峨眉淡抹，螺髻天生"的美誉。

▼ 太阳将第一缕阳光洒向人间

冬天，螺髻山上被冰雪覆盖的植物，仿佛穿上了雪白色的外衣。

古冰川内，冰蚀洼地、冰蚀冰碛湖、冰川刻槽、冰原石山、冰斗、角峰、冰阶等地形地貌千奇百怪，却又风姿天成。其中的角峰、冰碛湖和冰川刻槽更被奉为螺髻绝景。

螺髻山古有七十二峰、三十六天池、一百零八景之说，这七十二峰，指的便是古冰川如刀似剑、若鱼龙鳍片般的角峰。一座座的角峰就恍若一把把直插天际的利刃，在阳光下绽放着锋锐的幽蓝色。峰巅，无垠的冰雪在蒸腾的云雾间以自身为蓝本淋漓地演绎着大自然的鬼斧神工；数十座海拔超过4000米的峰峦在流云与烟岚之间若隐若现，犹遨游天际的苍龙般，咆哮着天地。其峰群之绵延恢宏，造型之奇秀神异，堪称一绝。

角峰侧畔，清水沟旁，还有一道冰川奇景，即被誉为螺髻第二绝的古冰川刻槽。

相传，螺髻山的古冰川刻槽是现今世界上最大、最古老的冰川刻槽，长30米，深2米，刻槽内有许多清晰可见的弧形擦痕，气势磅礴、瑰丽异常。

不过，在螺髻，最瑰丽的还是以五彩湖为代表的冰川冰蚀冰碛湖群，也就是当地群众所说的"海子"。

这些冰碛湖如繁星一般错落地分布在螺髻山间，大小不一，形态各异，多深藏在幽深的原始森林之间，背倚群山，花鸟相环，天光云影，景色额外奇幻。在螺髻，最斑斓的海子当然是驼峰上的五彩湖。驼峰是螺髻山的主峰，峰峦奇秀，五彩湖湖水澄净，在阳光下常流转着棕黄、幽蓝、碧绿、浅粉、赤

在料峭冬日，乘着缆车俯瞰螺髻山的冰川和雪峰。

红、淡绿等种种色彩，美丽异常。

温泉水畔杜鹃红

螺髻山有五绝，除了角峰、海子、冰川刻槽外，还有温泉瀑布和杜鹃花海。

温泉瀑布，位处螺髻山南峰，也就是俗称的螺髻九十九里。

螺髻九十九里，温泉瀑布众多，大小不一、形状各异，有的恍若半月，有的犹如灯笼，有的狭长窄细，有的方方圆圆，但它们，却都不约而同地蒸腾着大漕河畔最旖旎的山水浓情。

螺髻的温泉瀑布，既是瀑布，也是温泉，泡在暖暖的温泉中，枕着泉畔平滑的青石，在常年不散的雾霭中缓缓合上眼帘，整个人也仿佛跌入了梦境之中；待从梦中醒转，微微睁开眼睛，远可望满山翠色，近可观飞瀑银练，或如雷、或潺潺的水声夹杂着风声回荡在耳畔，细细聆听，更别有一番体悟。

白雪皑皑的时候，登临螺髻山，泡着温泉，享受一把冰与火交织的乐趣自是不错，但来螺髻山泡温泉最佳的季节还是春天。

阳春三月，乱花迷目、草长莺飞的日子，邂逅螺髻山，瀑布温泉畔那一丛丛、一簇簇盈满了眼帘的杜鹃，便成了美丽的全部。

杜鹃花是彝族的迎客之花，也是迎春之花。春光烂漫的日子里，从山脚到山巅，五彩斑斓的杜鹃花依次盛放，就像是花海之中一波又一波颜色各异的浪涛，泾渭分明，却又巧妙地糅合成了一幅绝美的人间花海。

螺髻山上的杜鹃有许多种，海拔不同，杜鹃的形态与种类亦不同，有莹白如雪、落花时节纷纷扬扬的白杜鹃，有湛蓝若梦、与冰川相映成趣的蓝杜鹃，有艳红如火、与夕阳一起绚烂了整个天际的红杜鹃，有高贵神秘、清雅中点染着一分遗世色彩的紫杜鹃，有清清浅浅、明媚异常的乳黄杜鹃，还有……万种千般，璀璨如梦。

洞穿日月万古幽

川地民间，自古便有"隐去螺髻，峨眉始现"的说法，螺髻风光之盛，可见一斑。

很多踏着青葱碧叶邂逅螺髻山的小伙伴，都在螺髻五绝中将浓情凝注，却不知道，螺髻山其实还有一处人间盛景，名为仙人洞。

仙人洞，彝语名为"斯居色居"，即仙人居住之地，是螺髻山西溪附近的一处大型岩浆溶洞，以深幽奇险见长。

步入洞中，形形色色、千奇百怪的钟乳石立马绚烂眼目。有的如盘坐莲台、慈悲天成的观音；有的如扶摇万里、悠然舒展着羽翅的大鹏；有的恍若原始图腾、充满苍莽的气息；有的似庭院深深、窗棂之间流转着日光；有的如苍山秀水、磅礴壮美；有的若花草虫鱼，活灵活现；有的如火烧云，赤染千里；有的如碧湖，明澈清透，有的……钟乳之间，还有如繁星般的石针、风姿袅娜的石花、炫彩的石幔、雄奇的石柱，各色各样的石蘑菇错落点缀，委实美轮美奂。

逐级而下，在千回百转中进入溶洞深处，迤逦的"阴河"赫然入目。

"阴河"恍若天河，河水自洞顶粼粼垂落，水花溅落，就仿佛琉璃世界中盛放的水仙花。

"阴河"的水非常清澈，已经清澈到了"水至清则无鱼"的境界，清澈的河水倒映着五颜六色、形态各异的钟乳石，神秘之中，备显妖娆。

螺髻山，美在山，美在水，美在冰川，美在溶洞，美在那氤氲在杜鹃花海中的一缕明媚。张爱玲说，一转身，一辈子。有些风景，不容辜负，有些美好，错过便是遗憾，譬如螺髻山。

▲ 在灿漫秋日，徒步穿越螺髻山，掀开它美丽的面纱。

达人分享

螺髻山千峰叠翠，万壑通幽，越走越有味道，但漫步螺髻山时，还需注意：

1. 螺髻山位处凉山州，是彝族聚居地，到螺髻山旅游，一定要尊重彝族的风俗习惯，不要惹事。
2. 山中多蚊虫，进山游玩时最好先涂抹一些防蚊虫叮咬的药物。
3. 到仙人洞游玩时，注意不要随意践踏、损坏钟乳石。

>> Look | 151

▲ 魅惑神秘的石洞内部

Shihaidongxiang

石海洞乡，以石为海真奇绝

　　地球神话传说里，仙女麻姑再次见到神仙王方平时说："自上次分别到这次再会，已经看见'东海三为桑田'。"仙人们有着漫长得似乎没有止境的寿命，天地间的沧桑变幻、亿万斯年，只不过是他们下次重逢的一个短短瞬间。而你我的生命虽然灿烂，却有如春花，自然看不见沧海如何变成桑田。但我们或许可以去兴文县石海洞乡看看，在那奇峰林立、怪石嵯峨的石林中，看见石壁上的珊瑚、贝壳、鱼类的化石，栩栩如生，呼之欲出，大概可以体会到远古之初的沧海是如何变成桑田的。

　　在几亿年前，兴文还是一片海洋，经过了石炭纪，海水中的碳酸钙变成了石灰岩。经过地壳变动，水流冲刷，长达亿万年，那些岩石被切割分裂开来，形成了千奇百怪的姿态，也形成了各种各样的溶洞。

　　石海洞乡在四川南部的兴文县，川滇黔交界处，是世界地质公园，集云南路南

Chapter 4 ● 西南风情，烟笼人家

❶ 一缕阳光射入洞口
❷ 石洞内部宛若仙境
❸ 洞外高山怪石嶙峋

石林、湖南张家界、广西桂林等喀斯特地貌特征于一体，被誉为"天下奇观"。因石林、溶洞遍及兴文县17个村，故此被称为石海洞乡。在这几十平方千米的区域内，地上石林、地下溶洞、地表天坑是为三绝。

地上石林奇峰林立、怪石嵯峨，雄奇险峻、千姿百态，有石芽式、棋盘式、尖脊式、石林式。无数的石峰、石柱此起彼伏，远远看着，就像是波涛汹涌的大海，是谓石海。这是大自然的天工之作，是造化的神奇创造与慧心垂顾。

而"洞乡"之称则来源于那地下神秘而幽深的溶洞，在已经发现的183个大小溶洞里，神风洞最大，而天泉洞景观最为丰富。天泉洞是个多层长廊和厅状的地下岩溶洞穴，全长有4.8千米，总面积达八万多平方米，有7个大厅：穹庐广厦、天泉明宫、泻玉流光、云步通幽、石花奇观、长廊石秀、石林仙姿。

这个宏大、神秘、幽邃、瑰丽的溶洞里，洞中有石，石中有洞，洞中有湖，中有天光，还有钟乳石形成的石柱、石笋、石花、石兽等，仿佛进入了一个璀璨的鬼魅世界。

地表天坑的代表，是天泉洞出口处的天下第一大漏斗，它比号称世界之最的美国阿里西波大漏斗大多了，直径有650米，深度有208米。这是由于地壳变化塌陷而成的地貌奇观，大漏斗的四侧如斧劈刀削，观赏至此，不免使人魂摇魄动，震撼于大自然的鬼斧神工。

石海洞乡除了这三绝，还有神秘的僰人悬棺，僰人已经消失，无影无踪，他们唯一留下来的痕迹，就是悬在高高绝壁悬岩上的二百多具悬棺。于是，这成了一个千古之谜，使人遥遥望之，大起思古之意。

而现在，这里居住着能歌善舞的苗族，你能随时听到他们唱起的山歌，欣赏他们跳起的芦笙舞，醉倒在他们敬上的酒里。

>> Look | 153

绝色四川

▲ 金沙江"第一湾"

Jinsha

金沙 水拍云崖暖

  金沙江发源于格拉丹东峰，在奔腾的长江上游，待长江水系汇通成为通天大河后，那流入玉树县境内横断山区的一支，便被人们称为金沙江。巍峨的格拉丹东雪山终年的积雪和冰川造就了金沙江，全长2316千米的金沙江，流域面积超过34万平方千米，江流湍急，凿山开峦。江水在石鼓镇突然调转了头，形成闻名遐迩的"万里长江第一湾"，然后一路北上，硬是从哈巴雪山与玉龙雪山之间的夹缝中挤进去，于是，世界上最壮观的大峡谷——虎跳峡就这样形成了。

  在江的尽头，数百米的江面突然收缩，一瞬便成为十余米的宽度。两岸，巨石隔岸矗立。据说，老虎可以脚蹬着江中的巨石一跃而过，跳过金沙江，而"虎跳峡"的名字，便由此得来。这里的江水突然变得汹涌湍急，滔天的江水疯狂地拍打着两岸的岩石，发出震耳欲聋的虎吼声，站在岸边，那股自然力量使人感到战栗。放眼望去，四周云雾渺渺，巨大的山体在云雾缭绕中显出坚毅的铁骨，而在峡口的下面，是"轰轰"的白浪满江翻滚着喧哗，唯有震撼、唯有感动、唯有对大自然的诚惶诚恐，才能描述大自然在这崇山峻岭间用鬼斧神工打造的奇观——惊心动魄、摄人心魂！

  俯视而望，金沙江似乎永远蕴藏着无尽的力量。"黄金生于丽水，白银出自朱

154 Look >>

提。"从宋代开始，金沙江里的金沙就开始承载着太多人一夜暴富的梦想，他们披星戴月，日日涉足于金沙江，用身体温暖金沙江冰冷的河水，似乎再冰冷的绝望也不能熄灭他们炽烈的梦想。民谚说："穷打杵，饿当兵，背时倒灶淘沙金。"现实远远没有风景美丽，旧时在江边淘金的大多是走投无路的贫苦百姓，他们赤身裸体，从早到晚，任由风吹日晒，将全部的希望寄托于不可预料之中……穿过这一段黑白的时光，我们已不能历数到底有多少人因为金沙江的金沙而发迹，又有多少炽烈的希望被现实无情地撕裂，穷途末路，长眠河畔。

古人曾这样描述这一片大江："（金沙江）流经万山绝壑之中。皆峭壁悬岩，平分对峙，各其水势，奔放若走蛟龙。唯县治北界接连渡口，漾出平滩，一望汪洋。天暮云卷，日色与水光争射，灿成五色飞霞，腾空上下，绚丽夺目，凝睇之际，不尽奇异之观。"

坐在江边，听着金沙江水的心跳，蓝天四垂，悲风盘旋。高原的阳光热辣辣地照在溅起的水雾里，铁马金戈恍如旧梦。纤夫高亢的号子，混合着浑浊、汹涌、湍急的金沙江水，遒劲的肌肉暴出一道道青筋，将力与美展现得淋漓尽致。

如今，惊涛拍岸过后，历史已恍若隔世，而那段记忆，依旧在共和国的日记里鲜活着，浓墨重彩一如最初。江水奔腾着、咆哮着，金沙江流过的地方，很多都还保留着刀耕火种的原始生活形态，远离繁华和浮躁。在这条远古形成的深深的大峡谷里，演绎着一种安于天命的缓慢进化，同时也蕴含着一种大彻大悟的东方哲理——顺应自然。

金沙江就这样带着与生俱来的美丽纯净——雪山、冰川、峡谷、森林、草甸、湖泊——汹涌澎湃地行进在崇山峻岭之间，用一颗含金的心，更迭着漫长岁月里的每一个黑夜和白天。

▼ 风光迤逦的金沙江峡谷地形复杂，区域内层峦叠嶂，江面暗流涌动，水景交融、动静相偕。

▼ 壮丽却平静的长江第一湾水势宽衍，江水青幽。万里长江从青藏高原奔腾而下，与澜沧江、怒江一起穿行于横断山脉的高山深谷中。

Chapter 4 ● 西南风情，烟笼人家

>> Look | 155

▲ 蒙顶山的"茶道"　　　　　　　　　　　　　　▲ 蒙顶山皇茶园

Mengdingshan

一缕茶香 蒙顶山

　　蒙顶山，也叫蒙山。在四川名山县西北，一直延伸到雅安。整个山体约一万米长，蒙顶五座山峰环列，形状如莲花一般，美不胜收。如画风景中，更有古刹佛寺林立，一片红墙梵宇中，情趣盎然。

　　走入蒙顶，就在那一片青翠中，只见白色巨壶高卧，巨大的石壶、弯弯的壶口，细流从此飞出，注入旁边的巨大石质茶碗中。远远望去，仿佛一幅天然斟茶图，白色水汽腾空而起，仿佛热气迎面扑鼻。湖底的流水，就那么自然而然地形成水瀑，自上而下流过。这，便是蒙山的"天下第一壶"。

　　自古蒙山盛茶道，从巨壶接着往前走，便能看到一系列关于茶的种种景观。百米之外的石阶，由上而下行走，便会看到两旁雕刻着的茶技，又称"龙行十八式"。那姿态，或阴柔或刚劲，引来无数流连的目光，更让人们叹为观止。中国的茶技，就在这惊诧的眼神中传播开来，其中的精髓，让人由衷感叹。

　　前行不远处，世界茶文化博物馆呈现其中。那几许肃穆的大厅中，有难得一见的《茶经》铺就的青铜路，更有供奉的茶祖像，让人在目不转睛中停顿，就此陷入遐思。眼前一幅幅生动的图文，仿佛在时光隧道中穿梭往来，在中国茶文化的历史进程中行走不息。

　　乘着缆车一路抵达蒙山山顶，眼前一片葱绿中掩盖着的清幽古寺便是天盖寺，它是蒙山文化的精粹。游历其间，会让人对茶文化认识得更为透彻。

　　天盖寺中，供奉的不是佛祖，不是观音，而是蒙顶山三圣——茶祖吴里真、《茶经》作者陆羽以及茶马司雷简夫。相传，茶祖本是西汉时蒙山人，他原本茶为母亲治病，之后却因此救了瘟疫中的百姓，故被人们尊为"茶祖"。而陆羽，自幼便生长在寺庙中，因为酷爱茶道，于是将毕生心血倾注于对茶与佛的研究中，著成《茶经》，被后人称颂。而雷简夫，作为宋代的茶马司，在与藏族的茶马交易中将同胞之情演绎到极致，于是被后人无限尊崇。

大殿后面，一片碑林。石碑上，刻着无数文人墨客对蒙顶山的无限喜爱之情。"琴里知闻唯渌水，茶中故旧是蒙山。"这是白乐天对蒙山茶的充分肯定。"若教陆羽持公论，应是人间第一茶。"这说的则是黎阳王对蒙山茶的百般喜爱。

沿着石路一路前行，在万般古朴的山林中，凸现古蒙泉。传说，蒙山的灵气便会聚于此。一直以来，人们皆口碑相传，说泉中水泡蒙茶，那份清香与醇厚可以祛除疾病，让身体更加健康。且不论传说真假，单是那灵气逼人的泉水，已让人满心欢喜得渴望喝上一口。

终年湿润的蒙顶山，那一片片雾蒙蒙的氤氲，像是仙人升天之境，即使晴日高照，也依然有薄纱般的雾气缭绕其中。只有在这样清幽的环境中，才能生长出如此淡雅清香的好茶。望一眼蒙顶，心生无限感慨，这样淡泊宁静的地域，岂是世人随处可寻的？

▼ 蒙顶山中四季分明，大自然和历史缔造的自然景观与人文景观相融交汇，蒙顶山也是古代南方丝绸之路上一颗璀璨的明珠。

Wolong

熊猫之乡——卧龙

　　在距离成都市区不远的汶川县境内,有一座秀丽的四姑娘山,绵延的山脉被一条名叫皮条河的河流横切。河水水流湍急,一泻千里,日日撞击河中高达三四米的岩石,激起铺天盖地的碎玉飞琼般的浪花,最终克服万难融入长江,形成一个"V"字形山谷,冬阻南下的寒流,夏季则带来充沛的雨水。这条奔流不息的河水,孕育了沿岸的一个半封闭原始森林区——卧龙自然保护区。这是我国建立最早、栖息地面积最大的,以大熊猫保护和高山森林生态系统保护为主的综合性自然保护区,又称"熊猫的故乡"。

　　卧龙的清晨格外宁静,远处是云海苍茫,大片大片的白色云朵飘在山间,铺满了整个幽深的山谷;近处是若隐若现的山水林木,在云海中似真似幻,一片烟水迷离之景。烟云飘动,山峰似乎也在移动,变幻无常的云海在山腰浮动,微微舒展蕊瓣,诗情画意地将雄浑的山脉分成上下两部分。上面是皑皑白雪覆盖的顶峰,白云如海,雪山连绵,堪称"无限风光在险峰";下面是神秘幽深的原始森林,绝妙的

▼ 说起大熊猫,就让人忍俊不禁,它们那笨拙的身躯,滑稽的样子,甚是惹人喜爱。

▲ 年幼的大熊猫成排地卧于竹林中，憨态可掬。

松萝悬挂林间，草长莺飞，可谓"身在青霄紫气间"。

太阳徐徐升起，云雾开始变薄，如同一位即将退出舞台的演员，粉面含笑，衣袖遮面，在阳光的照射中缓缓散去。此刻，天朗气清，纯正的蓝天白云触手可及。沉睡中的卧龙睁开惺忪的睡眼，只见巴郎山峭壁嶙峋，峰峦青翠，集山、水、林、洞、险、峻、奇、秀于一体。

沿着苍翠的游山道，无数的绿色把眼睛塞得满满的，脚下的流水如飞花碎玉，身边的野花遍地开放。到达进园口处，首先要过一座木桥，桥头有一个仅容一人通过的小门。桥面铺着满是刺鼻的消毒水味道的毛毡，这是为了避免游人把脚底的病菌带入园中。翻山越岭，历经折腾，只为了园中唯一的尊贵主人——大熊猫。每只熊猫都拥有一套大小不一的"单身别墅"，大的几乎占地五百多平方米，小的仅够居住玩乐，还有与之配套的假山、水池、竹林等，一应俱全。一只只毛茸茸的熊猫，挺着圆滚滚的肚子，有的晒着太阳，慵懒从容；有的低头只顾啃食竹叶，专心致志；有的追着游人走来走去，憨态可掬。年幼的熊猫好动，多攀爬在木架上，旁若无人地做一些笨拙而调皮的动作，或含情脉脉地回眸，或四顾左右，或尝试独立行走。年长一些的则赖在树上荡秋千，摇来荡去，玩得不亦乐乎。一不小心从一米多高的木架上掉下来，看似慢吞吞的大熊猫，这时便立刻施展

>> Look | 159

软功柔术，挺身抓住木梯平台，翻身坐起，身手不凡的样子，让人想到"功夫熊猫"。

孔子曾说："一箪食，一瓢饮，在陋巷。人不堪其忧，回也不改其乐。"所求过多，必会导致所忧过多，只有拥有一颗简单快乐的心才能活得悠闲，活得自在。大熊猫是这个世界上最为平和的动物之一，它们性情孤僻，温和简单，总是一副与世无争的模样，宛如竹林里清高的隐士。像是深刻领悟了孔子的名言，熊猫们平时多独来独往，分散独居于山地茂密的竹丛中，也从来没有固定的栖息场所，到处流浪，走到哪里吃到哪里，也睡到哪里。

熊猫嗜饮，常把家安在距水源近的地方，它们通常会在水中尽情畅饮，像贪酒的醉汉一样，不醉不归，天气炎热时还下水游泳。熊猫以竹子为生，而竹子又是一种低营养、低能量的食物，大熊猫为了生存，往往采取尽可能减少活动的方式来减少能量的消耗。一只大熊猫一天中绝大部分时间都在觅食，其余时间基本上用于休息，这可能也是熊猫总是嗜睡的原因之一。大熊猫的繁殖力很低，一般每胎产一崽，刚生下来的熊猫却小得出奇，只有手掌大小，仅相当于母体重量的千分之一，不易成活。而一只大熊猫从出生到长大为成体，又需两年左右的时间，可谓"国宝"。

沿着盘山小路继续前行，就进入了海拔二千五百多米的原始森林，林子里古木参天，绿荫蔽日，还有密布的箭竹，青翠欲滴，仿佛是一个童话的世界。世界上第一个大熊猫野外观察站"五一棚"就设立在这片森林之中。卧龙山脚的镇上是中华大熊猫园，是世界规模最大的大熊猫圈养场，也是我国唯一用来展示单一物种国宝大熊猫的博物馆，饲养有不同年龄阶段的大熊猫66只。馆内分6部分向人们展示大熊猫的生态环境、自身特性、历史演变、伴生动物，以及大熊猫的人工饲养、繁殖和保护研究事业的发展。大熊猫国

▲ 刚出生不久的熊猫幼崽通常被集合在熊猫"幼儿园"中，它们时而打盹儿，时而玩耍，可爱的样子萌翻众人。

▲ 大熊猫不惧怕寒冷，哪怕是在被白雪积压的竹丛中，它们也能自由穿行；它们也不惧怕潮湿，总爱在阴湿的环境里嬉戏。

际合作研究所取得的成就，揭示了大自然物种的奥秘。紧挨着的小熊猫馆是一个半野生放养场，它是卧龙大熊猫半野生动物的一个科研场所。游人可自由行走其中，零距离感受小熊猫的生态环境，笨拙可爱的小熊猫近在咫尺，或爬在树上，或躲于林中，或在草丛里伸懒腰，让人一步一个惊喜。

此外，卧龙自然保护区由于地理、气候等自然条件的变迁，是众多动植物的"避难所"，又由于地处横断山脉北部，是动物基因"交换的走廊"。不仅动植物种类繁多，还保存了大量的古老种类和特有种类。四千余种植物从低等到高等，从远古到现今，从一般到珍稀，应有尽有，是整个东亚植物区系最为丰富的地方。卧龙不仅是一个广谱生物基因库，还到处弥漫着浓郁的藏羌民族文化，淳朴自然的民间生活和民风民俗对人的吸引丝毫不逊色于大熊猫。这里既有藏式生态农庄的酥油、奶渣，有"烧馍馍"、糌粑等特

▲ 正在嬉戏攀爬的大熊猫

色食物，也有沿街叫卖的精美工艺品。每逢节日，高昂悦耳的竹笛响起，搭配音调柔美的竹口弦，一场欢快的"锅庄"民族舞会就开始了，男性着肥大筒裤，如雄鹰展翅，女性右臂抛袖身后，飘逸洒脱，大口喝着咂酒，汇入通宵达旦的欢乐人群。

入夜，粗犷豪放的山歌响起。只有秦岭才有的皓月明亮干净，清辉洒满卧龙山区。

绝色四川

▲ 康定新都桥镇风光

Kangding

康定，最美的岁月，最美的歌

  一首情歌，唱响了康定，也激滟了岁月；跑马山上月光寒，五色海畔玫瑰香，当贡嘎的雪峰滚落了斜阳，当木格措的深情将榆林的芳菲萦绕，当塔公的佛光氤氲了雅拉河的浪涛……恍然回首，岁月静好，宛若天堂。

  康定是个怎样的地方呢？

  享誉千年的历史文化名城？此情可待成追忆的爱情乡？洋溢着汉藏风情的名埠？沧古中流转着繁华的茶马重镇？

  也许都是，也许都不是。

  曾经的康定，不过是茶马古道上一个宁静的小城，隶属羌地，因"诸葛入蜀，一箭定边界"的传说，而有了"打箭炉"的别称。时至今日，川藏地区的人们，仍更愿意称康定为"炉城"。

  康定城不大，却位处川藏咽喉之地，通达八方，自古便是康巴藏区政治、文化、交通、经济和商贸中心。在这片幅员11000多平方千米的土地上，既有塔公草

1621　Look >>

❶ 康定"溜溜的跑马"
❷ 晴空中绚美无比的贡嘎雪山
❸ 夕阳下的康定塔公草原

原的碧草如茵、贡嘎雪山的仙姿盛大、木格措的奇秀绮丽、榆林行宫的花海烂漫，又有贡嘎寺的佛光氤氲、转山会的神圣热闹、新都桥的繁华如诗，人杰景秀，地灵史馨，也难怪人们盛赞其为"海外仙山，蓬莱圣地"。

暖暖的青蓝，柔柔的浪漫

"铅华褪后拂微尘，木格雅哈多浪漫。"

邂逅康定，壮丽的山峦固然令人神往，风姿各异的流水清波却更让人眷恋。

康定位处四川甘孜藏族自治州，是四川省西部重镇，浩浩荡荡的雅拉河和折多河在城中甜蜜地交汇，缠绵的碧波千年来一直演绎着一种别样的浪漫。

细雨迷蒙的黄昏，撑一把青蓝色的油纸伞，沿着雅拉河蜿蜒的河岸缓缓漫溯，纤然的背影，纯美中又带着一丝浅浅淡淡的清寒；午后，阳光微醺的时候，搬一把藤椅，坐在河边，悠闲地晒晒太阳，看看风景，或者泛一叶扁舟，用手中的桨丈量一下康定流转的时光，全都是不错的选择；玉兔冉冉升起之时，静静地伫立在河畔，看河水随风潋滟着波涛，一盏盏颇为复古的路灯渐次亮起，雪色的浪花倒映着星空，潺潺的流水亦将所有的浪漫定格……另外，若时间足够充裕，租一辆脚踏车，载着心爱的他/她，顺着雅拉滔滔的水声，花费一日的时间，慢慢地将整座小城转变，无论何时，无论何地，都能体会到时光的流岚，岁月的静好。

若是无心于花开半夏水流东，亦不愿在雅拉与折多的缠绵中吟一曲清歌，那么，便去木格措吧。

木格措是康定的地标，也是康定水

达人分享

康定名城，情歌故里，总能让无数人感动与感怀，邂逅这里，需要注意：
1.在新都桥用相机记录山水风光，最佳的时间是初晨或者傍晚。
2.康定是锅庄文化发祥地，锅庄舞之乡，有兴趣的朋友可以去看看。
3.贡嘎雪山的攀登难度很大，若非资深的登山客，建议还是在五、六月份沿着贡嘎西北山脊路线攀登为宜。

光最缱绻的地方。

木格措风景区位处康定市雅拉乡，钟灵毓秀，水语盈盈，被誉为川省的"小九寨"。

野人海是木格措的核心，湖水澄净，无尽的色彩流转着四季，直如一段彩色的幻梦，春花烂漫的时候，粼粼的波光绚烂着艳阳；夏木葱茏的时候，光影与色彩在湖面上交织，盛美别样；红叶漫山的时候，红叶夕阳映着金红色的水波，唯美异常；冬雪纷飞的时候，冰蓝的湖面倒映着雪峰，更别有一番精致的味道。夜露微微湿寒的时候，与他/她相偎湖畔，静静地仰望天边那一弯新月，温馨淡淡，足共婵娟。

当然，除了雅拉河、木格措，康定氤氲着温情与浪漫的水景还有很多，譬如跑马山巅，有红白刺玫相伴的五色海；譬如原始的葱绿中带着几许斑斓的莫溪沟；譬如云蒸霞蔚下的泉华池；譬如海中步步可生莲的莲花海……一缕水波一缕柔情，不外如是。

▲ 这里有草原，有小溪，有山峦，有柏杨，还有几分江南水乡的柔美味道。天气晴朗的时候，在新都桥还可以清楚地看到"蜀山之王"贡嘎山的主峰。

贡嘎与郭达的倾世恋歌

人常说，水是山的魂，山是水的魄，水波中潋滟的浪漫是一首诗，但山峦间回荡的瑰丽却是一首歌，一首独属于康定的——情歌。

康定被誉为"情歌故里"，那"跑马溜溜的山上，一朵溜溜的云"不仅成就了康定，也成就了跑马山。

很多邂逅康定的男女，心中最向往的无外乎就是歌中那有"一朵溜溜的云"的爱情圣地。

跑马山位处康定市炉城镇东南，古朴的小镇与秀美的山峦相互偎依，烂漫处处，相映成趣。登临咏雪楼，近可观满山葱茏，远可望雪峰连绵，仰可看碧空流云，俯可见飞瀑流泉，风流别样；驰骋跑马坪，马鞭舞动的是山花的迷离，马蹄声应和的却是吉祥禅院的晨钟，凌云白塔的暮鼓；静立五色海畔，玫瑰的浓香氤氲着湖水，瀑布激流，飞珠溅玉，斑斓的光影间也总徜徉着烂漫……人间盛境，不外如是，然而，在

▲ 黑石城是远眺贡嘎山的绝佳之地

康定，最瑰丽、最遐迩的却从不是跑马，而是贡嘎。

贡嘎山，位处康定、泸定交界处，为大雪山主峰，海拔7556米，是川省最高峰，常被尊为"神山"，多少年来，不知道演绎了多少爱情与神话传说！

秀峰巍巍多妙趣，青空万里歌菡萏，贡嘎山，就像是青空之中一朵最炫美的冰莲，圆锥形的山体流转着一种造化的纯美，万里雪飘时，皑皑的峰顶在艳阳的照耀下总闪烁着一抹金银蓝白交织的绝美光辉；云雾缭绕时，白海子山、田海子山、笔架山等更逶迤成东西两条玉带，翩跹间便将主峰的苍莽延转，雄伟而瑰丽。

贡嘎是一座冰山，山中冰湖密布、冰川纵横，山崖陡峭，壁立千仞，遥遥望去，宛若仙境。

贡嘎的冰川很多，最著名的是海螺沟，海螺沟垂挂天际的磅礴冰瀑、奇秀深杳的远古冰洞、美轮美奂的幽蓝冰河、白中点碧的原始森林、瑰丽绝美的红石滩、云蒸霞蔚的大温泉，全都是贡嘎美丽的延伸。

千万年来，贡嘎山一直屹立在康定之南，默默地凝望着北方的那一抹莹白，有人说，他凝望的是艳阳；有人说，他凝望的是天阙；有人说，他凝望的是传说，但其实，他凝望的从来都是郭达。

郭达山，位处康定东北，四面环山，二水中流，山水明秀，因山巅矗立着一支铁质的嘛尼箭，又名"箭杆山"。相传，蜀汉丞相诸葛孔明曾命郭达铸箭，郭达夜造三千箭，虔感神明，有青羊围炉而舞。孔明以一支铁箭，与戎人分定边界，千年已逝，三国已成烟云，但那支铁箭却栉风沐雨千年，见证了历史，也成就了郭达的不朽与荣光。

要说起来，郭达山委实算不上倾城绝艳，能得到贡嘎多年来深情的守候，多半还是因为它的神秘与灵慧。自古而今，郭达山都是康定的"卜雨花""晴雨表"，每日午后，云烟出岫，若云烟为紫红色，则翌日必有大风，若云烟为墨黑色，则翌日必有大雨，若云烟为白色，则翌日必晴空万里，年年岁岁，从未出过错。

塔公寺的禅语，新都桥的迷情

山水总多情，人间方烂漫。

在康定，烂漫的地方其实还有很多很多，其中，最富历史韵味，最有柔情味道的却唯有塔公寺与新都桥。

塔公寺，位处康定市塔公镇境内，是甘孜藏族自治州内最著名的萨迦派寺院。栉风沐雨千年，却仍屹立在塔公茵茵的碧草与漫漫的佛光之间，香火鼎盛。

塔公，在藏语中，意为"菩萨喜欢的地方"，相传，盛唐时期，为加强民族团结，唐太宗将文成公主下嫁于吐蕃赞普松赞干布，文成公主入藏时，携带了大批金银器物、经书画卷，其中就包括一尊释迦牟尼等身像。文成公主途经塔公草原时，佛像被草原上纯美的风情以及木雅人（贡嘎山下的藏民分支）的虔诚感动，停驻不去，表示愿意永远地留在这里，于是，便有了塔公寺。

塔公寺不是藏区最大的寺院，但建筑轩敞，碧瓦重檐，彩绘雕梁，僧舍连绵，经阁高章，蔚为壮观。邂逅塔公寺，远可见雅拉神山的巍峨秀丽，近可观塔公草原的碧草芳菲，鼻尖，总有香火缭绕，各种各样充满了藏地风情的佛本生画、神佛菩萨塑像等，更是别具韵味。

邂逅塔公之后，若有闲暇，倒不妨到新都桥转转。

新都桥不是一座桥，而是一个小镇，镇子不大，很适合怀旧，漫步长街，感觉很舒服。镇上没什么标志性的景观，但沿线却有一条长十多千米的"摄影家走廊"。"走廊"沿线，浅浅的青草烂漫着格桑花，潺潺的溪流深情地恋着白杨，起伏的山峦间牛羊安详得仿佛一颗又一颗白色的星星，白墙朱瓦的藏式民居里常有小伙儿的歌声悠扬……光影疏斜之间，川西草原所有的旖旎都尽情地在此绽放。

当然，除了这些行之于笔端的纯美，康定充满彩色梦幻的地方还有许许多多：榆林宫的花海与温泉、贡嘎寺的大佛与转山会、雅哈的泉华滩、折多的峡谷冰川等。

康定是个什么样的地方呢？

静美、多情、沉厚、绮丽，带着几许藏汉交融的风情，携着一抹纤尘不染的浪漫。

在康定的日子，并不热烈、并不震撼，却是最美的时光；咏唱康定的歌，豪放恣肆，没有缠绵、没有隽永，却是最美的情歌；一朝邂逅，便是难忘！

▲ 夕阳西下时分的色达

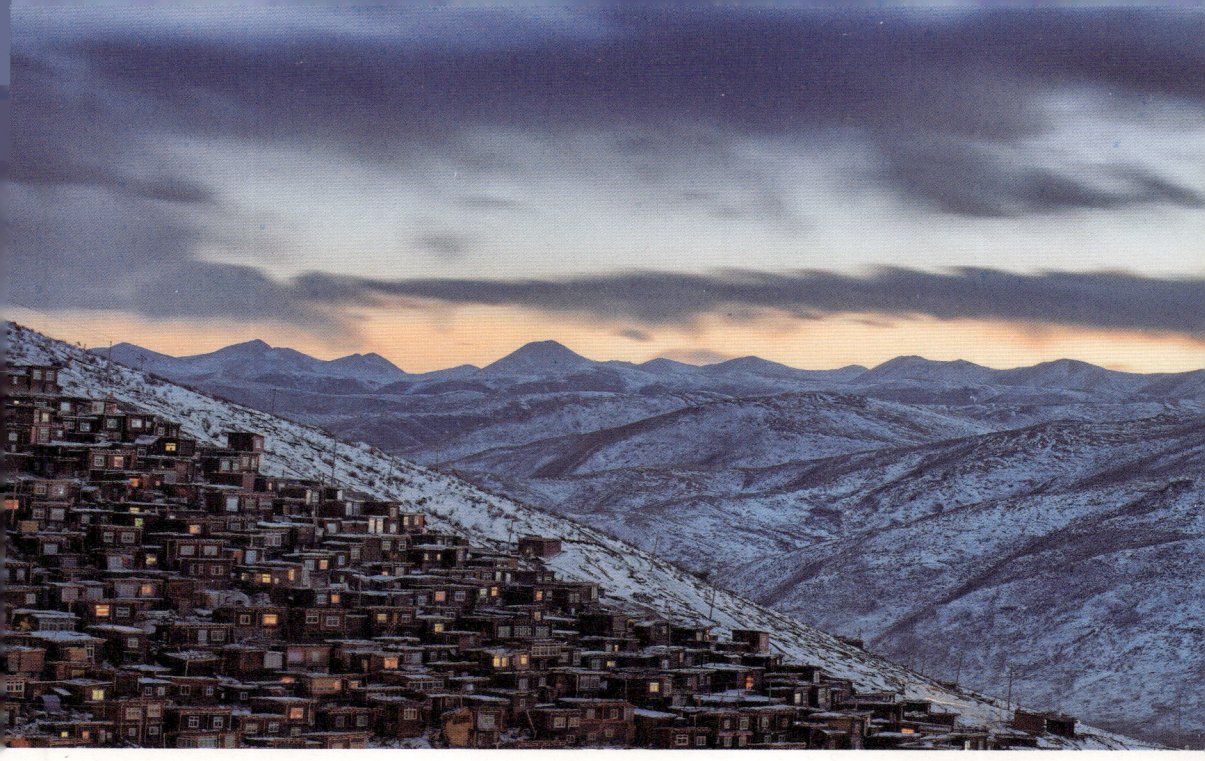

Seda

色达，信仰的乌托邦

米兰·昆德拉说："人在无限大的土地之上，一种幸福是无所事事的冒险。"最幸福的冒险是什么？

无外乎就是旅行！

踏春花、赏秋月、歌鸣蝉、追芳菲，碧水潋滟间的回眸，雪域金山上的驻足，泸沽侧畔的摩梭风情，九寨碧峰的无限旖旎……不同的行者有不同的向往，走遍千山，跋涉万水，觅觅寻寻，为的不过是一份美好、一份感动、一份憧憬、一份激情，亦或一份静谧之中的虔诚。

色达是个适合旅行的地方吗？

也许是，也许不是，千人千般，莫衷一是，但你若想要寻找的是一片净土，是一种荡涤了整个心灵的撼动，是一个信仰的乌托邦，那么，便绝不能将色达错过。

▼ 随风飘扬的经幡，依山而建的红屋，慈祥温暖的僧众……匆匆一眼，那些累世光影，那些俗世梵音，便会深深烙印在脑海。

>> Look |167

绝色四川

色达位处四川省甘孜藏族自治州和阿坝藏族羌族自治州东北部，青藏高原东南缘，巴颜喀拉山南麓，是一座历史悠久的高原小城。

色达县城不大，境内多丘状高原，和其他濒山临水的藏区一样，色达也有茵茵的草场，密布的湖泊，成片成片的沼泽地，茫茫的雪野，巍巍的雪山，充满了藏区风情的阿莫格桑拉，成群的牛羊，欢快的牧羊犬，逐水草而居的牧民。但真正走进色达，漫步在色达的街头巷尾，却才发现，其实，色达是那样得与众不同。自古而今，千年已降，这个或许并不繁华的小城，原来一直都是藏区最神圣的净土，没有之一。

"世界第一"的红色净土

色达是藏传佛教的圣地，寺庙广布，尤以宁玛派的寺庙最众，有吉祥藏经院、勒穷寺、拉则寺、打隆寺、纳折贡巴寺等，数不胜数，但这其中，最著名的却还要属喇荣寺五明佛学院，也就是人们常说的色达佛学院。

色达佛学院坐落于色达城郊20千米外的喇荣沟中，顺着喇荣沟，上行不过数千米，一片被碧草、蓝天白云映衬得额外明媚的红赫然入目。上千上万座赭红色的藏式木屋如红色的海潮般澎湃在山脊梁坝之间，密密麻麻、一望无垠，如碧色天穹上一颗颗红色的星星，又如银色净土中一朵朵安然绽放的红莲，庄严而神秘、壮美而肃穆，初到色达的人，无论是谁，都会被深深地震撼。

1980年，晋美彭措法王初创五明佛学院时，这里不过只是深谷之中一个简陋的修行之地，但光阴辗转，如今，五

▼ 无论你信佛或是不信佛，只需要带着一份尊重去感受那份宁静就足够了，几万座房屋，仿佛只为守候着一种信仰。

明佛学院却已经是世界上规模最大的藏传佛教学院，常住的喇嘛就有两万多人。若是有佛事活动，聚集在佛学院的僧侣更接近五万。

每日，当初晨的第一缕光辉洒向山峦雪峰时，无数身穿绛红色僧袍的喇嘛和觉姆（藏传佛教对女性修行者的称呼）便会走出红墙、红顶的僧舍，步履匆匆却又神态安然地走向被僧舍环围的大经堂，开始一天的功课。

佛学院有三座经堂：喇嘛经堂、觉姆经堂和居士经堂，经堂不是很大，建筑却很考究，彩绘的壁画、红色的立柱、袅袅的香火、黄色的蒲团、五色的经幡、悠悠的梵音，置身其间，心灵总难免被震撼。若有闲暇，在经堂里听听修者讲经、辩经，其实也很不错。若是没兴趣，踩着阳光，走在佛学院壮观的无与伦比的僧舍间，置身于一片赭红与绛红交织的世界中，聆着风声，静静地感受一下僧人的生活日常，感受下这片红色净土佛光下的唯美，也着实是一种享受。尤其是金乌西沉的时候，柔和的金色光辉如细细的浪涛般在红色之中缓缓流溢，婉约中自有一种气象万千，那种美丽，实在难以言喻。

坛城祈福，生死天葬

净土雪琉璃，红莲盛世开，涅槃诵坛城，生死各安然。红色净土中绵延无尽的红固然动人心魄，山巅之上，金碧辉煌的坛城却另有一番庄严与伟岸。

坛城，是五明佛学院的中心建筑，琉璃金顶，红柱红墙，远远望去，就像是一朵盛放在山巅的金色曼陀罗花，颇具藏传佛教风情。

坛城之上，有五色经幡招展，有华美的经幢映着日光，有圣洁的彩绘，精致的木雕，各种镀金的藏族装饰、壁画、唐卡，漫步其间，就仿佛走进了一座美轮美奂的藏传佛教艺术殿堂。

三层以上，还供奉着五方五佛，佛像栩栩，佛光漫洒，别有一番庄严。

▲ 远望色达的蓝天白云，如诗如画、如歌如诉。

达人分享

色达是藏传佛教圣地，藏民聚居，寺院众多，邂逅色达，游览的同时，也要注意尊重当地的风土人情：

1. 色达佛学院内有严格的男女之分，男游客禁止进入觉姆僧舍区，女游客也被禁止进入喇嘛居住的僧舍区。

2. 天葬是很庄严的仪式，参观时切忌大声喧哗。

3. 进入寺庙游览，最好不要给佛像拍照，要拍摄僧人，最好也事先求得对方同意，以免惹麻烦。

>> Look | 169

不过，坛城最吸引人的其实还是一层的转经筒，相传，只要按照顺时针的方向，推着经筒，绕坛城走上108圈，便能获得佛祖的祝福，祛除百病，平安喜乐。传说是不是真的，我们不得而知，但在舒缓的经声中一步步地前行，沐浴着佛光，躁动的内心却的确能感受到一丝安然。

坛城外，常年都有虔诚的信徒来诵长经、磕长头，或许，很多人会对此不以为然，但真正身临其境，所有的人却都会被这种源自灵魂的虔诚所震撼。

除了磕长头的人，有时，还能看到一些抬着尸体的特殊转经者，他们不是在为自己转，而是在为逝者祈福，转过经后，逝者就要被送往天葬台，进行天葬。

天葬台距离佛学院并不远，白色的佛塔，狰狞的"鬼门关"，挂满了逝者长发的高塔、镶满骷髅的石窟、漫空盘旋的秃鹫。邂逅天葬台的刹那，所有的人心中都会油然升起一股对生命的敬畏。

天葬是藏民最向往的葬礼，在藏民心中，惟有如此，逝者才能重回长生天的怀抱，魂入天堂。

天葬开始的时候，身穿藏族传统服饰的天葬师会在喇嘛们低沉却祥和的诵经声中利落地将逝者肢解，当骨肉支离，漫空的黑色秃鹫就仿佛受到了召唤一般，展开双翼，俯冲而下，那无数黑色竞相垂落的场景，绝非壮观二字所能形容。若没有一颗足够坚挺的小心脏，还是敬而远之为好，但若不去，其实终归会有所遗憾。毕竟，唯有在天葬台，在这个真实的轮回往生之地，才能真正体悟到生与死的真谛。

寺庙深深深几许，白塔凌空

与铅灰色的天葬台擦肩，从藏红与绛红交织的净土转身，原以为，色达便就此沦为平庸，却不曾想，在这

▲ 寻一处绝佳的落脚点，站在山头，看着脚下的光影摇曳，深吸口气，闭上双眼，你会深刻感受到，一草一木、一人一物在这里都是如此真切的存在。

俯身遥望骄阳下的色达

片神秘的土地上，还藏着太多的彩色与雍容，譬如东嘎寺，譬如降魔塔，譬如歌乐沱勒穷和珠日神山。

东嘎寺是色达最著名的三座宁玛派寺庙之一，始建于1686年，距今已有三百多年的历史。

东嘎寺规模宏大，气质沧桑，没有五明佛学院的壮丽，却别有几分不染纤尘的宁静清和。徜徉其间，红墙金瓦碧琉璃，黄花烂漫莲花白，金色的药师塔矗立琼霄，塔内，供奉着以药师佛为主的诸多密宗佛陀，还有舍利、真言、经典、密咒。塔畔不远，就是经堂，常有僧人诵经祈福，虽然听不懂经文的内容，但耳聆佛音，久而久之，总会有一种开悟般的畅快与淋漓，累了、倦了，坐在寺前的台阶上，远眺一碧万顷的色达草原，看蜂飞蝶舞、骏马撒欢，也是一份从容。

离开东嘎寺，邂逅色柯镇，降魔塔便绝对不容错过。

降魔塔，又名邓登曲登塔，是藏区最庞大、最瑰丽、最神圣的佛塔，始建于1913年，主塔通体纯白，造型独特，塔身或内圆外方，或外圆内方，两相重叠，交错出了一种别样的美感。塔身之上，有无数佛龛，朱棂黄幔，色彩缤纷，绚丽而庄重。塔内，有不少吐蕃王朝时代的佛教典藏经书，还有一卷卷的五陀罗尼经，相传，塔内镌刻绘写的五陀罗尼经多达一千万遍。或许，也正因为如此，降魔塔方能坐镇色达，降伏八方妖魔吧。

降魔塔畔，有一片小湖，湖水为罕见的墨蓝色，晴空之下，格外妖冶，夕阳西下时，湖光映着塔影，蔚为一绝。

勒穷，是色达的圣地，位处色达县歌乐沱乡，是雪域四大神山之一，与珠日神山齐名。

山上，有一座形若大雁头颅的"神仙岩"，岩上芳柏丛生、茂竹深深，还有天然菩提，细雨迷蒙时，格外空灵缥缈。半山处，还有映着点点青苔的溶洞，辉煌绮丽的岩门，如万道银丝垂挂般的瀑布，山光水色，明秀异常。每年，来此朝拜的信众都络绎不绝。

海拔4961米的珠日神山与勒穷并称色达"双骄"，它是色达境内最高的山峰，也是色达人心中的守护神山。山上有珠姆的背水桶，有格萨尔的拴马桩，还有许许多多与格萨尔王相关的遗迹，漫山银翠之间，别有几分苍古的味道。每年金马节期间，色达的牧民们全都会会集于此，举行盛大的烟祭祭礼和赛马会，盛况空前、分外热闹。

或许，色达真不是个绝美的所在，但当虔诚泛滥成向往，当藏红成为一种情结，走进距离天堂最近的色达，邂逅信仰的乌托邦，却蔚然绝妙，不是吗？

▼如果不是亲眼所见，真的很难想象，枯草荒山的背后竟然隐藏着如此浩大的工程。密密麻麻的小红屋依山而建，一眼望不到边。

>> Look | 173

来四川
一定要体验的四种地方风情

山河敷彩颂华章，翰墨流香歌西南。四川，从来都是一个让人无限迷恋的地方。

九寨夏日最温醇的阳光，峨眉秋天漫山的红叶，海螺沟惊艳了世界的冰瀑，亚丁纤尘不染的绝美，色达震撼人心的佛学院，青城悠悠的道韵，乐山巍峨了千年的大佛，都江堰不泯的神工鬼斧，蓉城可爱的大熊猫……四川美丽的风景太多太多，数不胜数。

或许，对许多旅人来说，这样的山川锦绣，这样的超尘绝俗，便已是四川的全部。然而，四川最美的不仅是景，还有人；四川令人向往的非独是它的奇秀与婀娜，还有它的文艺与风情。要真正体味四川的韵味，深入了解四川的美，独具风情的民居、多姿多彩的绘画、源远流长的川史自然不可错过，但最不可错过的其实还是四川最旖旎的四种风情：慢节奏的生活、热辣辣的火锅、氤氲着川地古韵的康巴文化和神奇的川剧。

慢节奏：时间就是生活

曾经以为，四川就是一个火辣辣的地方，川人也一定性格如火，雷厉风行，但真正邂逅四川，才发现，原来，这里是如此的安闲，安闲得让习惯了快节

174 Look >>

▲ 川地草原上的藏民

奏生活的我们既着急又格外的羡慕、嫉妒、恨。

或许，羡慕的同时，我们无法理解川人的安闲从何而来，但这种安闲，或者说是慢节奏，却已经融入了川人生活的方方面面。

对川人而言，时间不是金钱，不是机遇，不是时尚，而是生活，真实的、多彩的、属于自己的生活。

漫步在川地，街头也好，巷陌也罢，几乎看不到行色匆匆的人。人们或许会为了生活而工作，却不会为了工作而奔忙。

初晨，嗅着空气里的甜香，悠然地喝一碗豆花；午后，躺在大藤椅上来个暖暖的日光浴；黄昏，和心爱的他（她）一起漫步在街头；晚上，万家灯火迷蒙时，到酒吧、茶吧，听听音乐、唱唱歌，享受一下夜生活。这才是川人的生活常态。

川人的慵懒安闲，一向闻名遐迩，尤其是蓉城，更成了慢节奏生活的代名词。

蓉城有许多麻将馆，哗啦啦、哗啦啦的洗牌声，打牌人的笑语声，经久不绝。坐在藤椅上，喝着大碗茶，摆着龙门阵的老人、青年、小孩更随处可见。咖啡馆中，常能看到坐在窗边静静发呆的女孩；书店里，一本书、一把椅子，就能悠然度过半日时光的更大有人在；街头巷尾，悠闲散步的人更数不胜数，或一人，或双人，或三五成群，看着他们，心中的躁动与急切竟也能奇迹般地平息。

相比于我们，川人更懂生活，也更会享受生活，无论贫富，无论贵贱，他们身上总有一种经年累月的安闲才能培养出来的宁和的气质。他们"慢"，只是因为他们不想太"快"。而且，川人虽然生活节奏慢，但却不宅，下班

>> Look | 175

后、节假日，只要有时间，他们更愿意出去走走，散散步、下下棋、摆摆龙门阵、看看山水，或者只是找个能发呆的地方，仅此而已。不一定非得去什么名山大川，家门口的公园、不远处的林荫道、商业街、郊外的野山、街角的咖啡店，哪里都好。

火锅：舌尖上的人生百态

川人不仅爱玩，也爱吃。认真地说，吃其实也是川人慢节奏生活的一部分。

或许是传承了老祖宗们的饕餮本质，国人对吃多多少少都有些钟爱，吃得不舒服，心情总会有些阴郁。

川人爱吃、懂吃、也会吃，他们有着一套属于自己的饮食文化，而火锅，无疑便是这种文化中最亮眼的一部分。

川人爱吃火锅，全国人民都知道。

火锅是川人的挚爱，也是四川最具地方传统特色的美食。

走进四川，最引人注目的无外两样，麻将馆和遍地都是的火锅店。

即便是成都这样已经被各色各样的美食攻占了的都市，火锅仍是人们的最爱。热辣辣的火锅，早在几百年前，就已经将川人的舌尖俘获。

四川火锅品种多样，食材丰富，搭配随心，味道奇特，以"麻辣鲜香"著称，有红锅、白锅、鱼头锅、排骨锅、肥肠锅、香菇锅、鸳鸯锅、酸菜鱼锅、火锅兔、火锅鱼、火锅鸡、火锅鸭，等等。

当然了，吃只是一种形式，川人爱吃火锅，固然是因为火锅的味道确实绝顶，但最重要的其实还是热闹。

火锅，从来都不是一个人的菜谱，而是一群人的享受。一家人围在一起，欢欢乐乐地吃顿火锅，话话家常，大事小情地摆摆，总觉得特别温馨；一群朋友、同学、同事聚在一起，喝着扎啤，涮着火锅，沸腾的汤汁伴着觥筹交错，既热闹，又能联络感情，如此，何乐而不吃？

康巴文化：源远流长的绝世风情

四川，是一个多民族聚居的地方，

各民族和谐共荣，文化灿烂。

在四川省，还有绚烂的、令人瞩目的、最具民族风情的康巴文化。

康巴文化是一种与其他藏区地域文化迥然而异的藏文化，发源于甘孜州，融合了黄河文化、长江文化、巴蜀文化和白族、彝族、纳西族等少数民族的文化精髓，底蕴沉厚，兼容并蓄。

康巴人性格粗犷，热情豪放，爱唱歌，喜欢骑马、习惯穿传统的裙袍，牧区的居民常以用牦牛绒编织而成、绣着许多传统图案的帐篷为家，逐水草而居。农垦区的居民则喜欢独具康巴风情的木楼。

康巴地区是多民族聚居地，民族众多，文化纷呈，十里不同天，百里不同俗，一山一寺，一村一寨，一沟一坝都有着属于自己的独特风情。

多数康巴人都信奉藏传佛教，甘孜州德格地区的德格印经院就是藏族文化的大百科，也是康巴文化的精髓所在。

从本质上来说，康巴是个很传统的地方，在这里，有许多古老的、近乎消逝的习俗与文化在传承，譬如帕错、果巴，譬如诗歌般的冬不拉曲，譬如一妻多夫的旧俗，又譬如各种宗教传统仪式，譬如唐卡的绘画技艺、泥塑、木刻、石刻，等等。

康巴人爱唱歌，爱跳舞，《格萨尔王传》在康巴地区家喻户晓，丁青的热巴，芒康的弦子舞，昌都的篝火晚会，全都令人流连忘返。

川剧：亲爱的，快来看变脸！

如果说康巴的歌舞是一曲流觞，那川剧，就是金粉城头最美丽的艺术邂逅。

川剧是流传于川渝、云贵地区的一种地方传统汉族戏剧形式，中国非物质文化遗产，自唐代起便有"蜀戏冠天下"之称，以高腔为主，融入灯戏、昆腔、弹戏、胡琴等艺术表现形式，语言幽默，意味隽永，源于生活又高于生活，地方色彩格外浓厚，备受广大民众喜爱。

川剧流派纷呈，曲目众多，《白蛇传》《彩楼记》《红袍记》等都是其中的经典曲目。

当然，川剧最著名的还是变脸，川剧艺人们那神乎其技的变脸绝活一直为人称道。除了变脸，喷火、水袖、托举、藏刀、开慧眼等技术，也令人叹为观止。若有机会，小伙伴们一定要去看看。

最美的风情最美的诗，邂逅四川，深入西南，体味安闲的慢节奏生活，看看川剧，吃吃火锅，伴着篝火，和康巴人一起唱一曲草原情歌，如是，方为完满。

>> Look |177

绝色四川

选题策划：陈丽辉
文字编辑：王松慧
文稿撰写：李　妍
美术编辑：罗筱玲
图片提供：视觉中国
　　　　　北京全景视觉图片有限公司